처음 읽는 논어

공자(孔子) 지음 | 홍승직 옮김

행성B잎새

至聖孔子
名丘字仲尼山東
兗州府曲阜縣人

공자孔子
B.C 551년~B.C 479년

보다 쉽고
친숙하게 풀이한 '논어'

현재 인구 약 14억, 지속 역사 약 5천 년, 이런 중국을 대표하는 인물을 단 한 명만 꼽으라면 너무 허황한 요구이리라. 5천 년 동안 한국보다 약 96배 큰 땅에서 활약했던 풍운의 인물이 어찌 한두 명에서 그치겠는가. 그래도 고집스럽게 단 하나만 꼽으라면, 후보자가 없진 않다. 그는 바로 공자孔子이다. '공자孔子'라는 호칭은 '공孔'이라는 성姓에 '자子'라는 존칭을 붙인 것이다. 공자의 이름은 '구丘' 자字는 '중니仲尼'이니 '공구' 또는 '공중니'라고 불러야 하겠지만, 존중의 뜻으로 '공자'로 부르게 된 것이다. 공자는 지금으로부터 약 2천 5백 년 전 춘추시대 말기에 태어났다. 당시 중국은 지금처럼 커다란 통일 국가가 아직 형성되지 않았고 여러 나라가 여기저기 자리 잡고 있었다. 한국 서해에 배를 띄우고 서쪽으로 곧장 가면 도착하는 곳이 중국 산동성山東省이다. 바다를 사이에 두고 한국과 가장 가까운 중국 땅이 산동성인 것이다. 산동성을 남북으로 나눈다면, 공자가 살았던 춘추시대에는 북쪽이 제齊나라였고 남쪽이 노魯나라였다. 공자는 그중 노

06

나라 사람이다. 즉, 공자는 노나라 추읍陬邑에서 태어났다. 현재 중국의 산동성山東省 곡부시曲阜市에 속한다.

중국에서는 자동차 번호판이나 교통 노선 명칭, 또는 각종 문서에서 행정구역을 한 글자로 줄여서 쓰곤 한다. 예를 들어 수도 북경北京은 수도의 뜻을 살려 '경京'이라고 하고, 경제도시 상해上海는 옛날 지명을 따라 '호滬'라고 한다. 산서성山西省은 춘추시대 번성했던 강대국을 따라 '진晉'이라고 하고, 광동성廣東省도 그곳에서 번성했던 옛날 강대국을 따라 '월粤'이라고 한다. 그런데 산동성은 그곳에서 번성했던 옛날 강대국 제齊나라를 따라 줄임말을 '제齊'라고 하지 않고 약소국 노魯나라를 따라 '노魯'라고 하고 있다. 비록 약소국이지만 중국 문화를 대표하는 인물 공자가 그곳에서 태어났기 때문이다.

20세기 말에 개혁개방과 경제개발을 시작하여 21세기로 접어들면서 경제대국으로 자리 잡기 시작한 중국은 세계 속에서의 위상을 높이기 위해 자국의 언어와 문화를 세계에 알리는 작업을 대대적으로 추진하기 시작했다. 그리하여 전 세계 각지에 중국문화원을 설립하고 있다. 이 중국문화원을 '공자학원孔子學院'이라고 명명했다(다만 한국에서는 '학원'이라는 말의 어감으로 인한 혼선을 피하기 위해 '공자아카데미'라고 한다). 중국 문화를 대표하는 인물은 공자라는 것을 중국이 스스로 인정한 것이다.

중국의 문화를 대표하는 인물 공자를 알려면 어떻게 해야 하는가? 《논어論語》를 봐야 한다. 중국 대표 인물로 공자가 꼽히듯, 중국 대표 책으로 《논어》가 꼽힌다. 공자를 알려면 공자의 언행이 담긴 《논어》를 보라고 하니, 이는 공자가 지은 것이라 오해하기 쉽다. 사실 공자 본인이 《논어》를 지은 것은 아니다. 공자가 세상을 떠난 이후 공자의 제자, 그리고 제자의 제자들이 기억하고 있던 스승의 말씀과 행동을 기록한 것이다.《논어》의 저자는 '공자제자협회'라고 하는 것이 오히려 낫겠다. 어느 한 시기에 완성되었다기보다 오랜 세월 동안 전해지고 정리되며 지금 모습으로 남게 되었다고 볼 수 있다.

《논어》원문은 어록체(구어체) 문장이다. 처음 편찬되었을 때는 아직 종이가 쓰이지 않던 시절이다. 가죽, 비단 등에 글씨를 쓰고 둘둘 만 백서帛書, 나무 조각에 글씨를 쓰고 위아래 구멍을 뚫은 후 줄로 꿰어 엮어 둘둘 만 간책簡冊 등이 당시 책이었다. 그러니 책이 얼마나 귀했겠는가!

초창기《논어》는 이렇게 간책簡冊 또는 백서帛書에 기록되어 전해지거나 내용을 암기한 사람의 기억에 의해 구전으로 전해졌다. 책을 만들기가 워낙 힘들었으므로 최대한 간략하게 적어야 했다. 짤막하게 주고받던 구어체 문장에다가 최대한 간략하게 적어야 했던 사정으로 인해《논어》원문은 독해가 점점 어려워졌다. 세월이 흐르고 시대가 변함에 따라 각 시대 사람들이 이해할 수 있게 그 시대 언어로 새롭게 해석되는 과정을 거쳐왔다.

지금 전해지는 《논어》의 원문은 모두 20편으로 분류되어 있다. 각 편마다 제목이 있지만 이는 그저 각 편에서 시작하는 처음 두세 글자를 제목으로 정한 것이어서 특별한 뜻은 없다. 즉, 제1편 〈학이學而〉는 '학이시습지學而時習之'라는 첫 마디에서

두 글자 〈학이學而〉를 편명으로 정한 것이다. 다른 편도 모두 마찬가지이다.

《논어》에는 윤리, 도덕, 정치, 교육 등에 대한 공자와 제자의 언행이 담겨 있다. 이런 내용들을 체계적으로 정리하여 서술했다기보다는 짤막한 언행을 쭉 늘어놓은 형식이다. 마치 대화하는 것과 같고, 수업을 듣는 것과 같고, 토론하는 것과 같다. 그 속에서 윤리, 도덕, 정치, 교육 등에 대한 공자의 사상을 꿰어 맞추게 되는 것이다. 그래서 《논어》는 가급적 각 시대에 어울리는 생동하는 구어체로 다시 태어나야 한다.

'동양학'이 부각될 때도, '인문학'이 중시될 때도 《논어》는 언제나 첫손가락에 꼽히는 주요 고전이다. 이 책은 처음 《논어》를 접하는 사람들을 위해 기획되었다. 해설을 최대한 쉽고, 현대적으로 쓰려고 했다. 고전을 처음 읽기 시작하는 독자들이 어렵거나 복잡하게 느끼지 않게 하는 것에 중점을 두었다.

모든 논어의 내용을 싣기보다는 한 문장이라도 더 친절하게 해설해주려고 했다. 짤막한 한 구절이라도 더 오래, 깊이 마음에 남았으면 하는 마음에서이다. 시의에 맞지 않는 말이나 전해지는 과정에서 오자나 탈자가 있는 것으로 판단되는 말 등은 제외했다. 부디 이 책이 보다 친숙하게 고전을 읽을 수 있는 당신의 '시작'이 되기를 바란다.

09

광나루에서, 홍승직

| 차 례 |

제1편

학이
(學而)

선생께서 말씀하셨다. "뭔가를 배우고 시간 날 때마다 복습하면 또한 기쁘지 않겠는가! 친구가 멀리서 찾아와주면 또한 즐겁지 않겠는가! 남이 알아주지 않아도 서운한 마음을 품지 않는다면 또한 군자가 아니겠는가!"

○ 뭔가를 배우고 반복해 익히면서 소록소록 자기 것으로 만들어가는 기쁨, 먼 길 마다치 않고 찾아와주는 친구가 있는 즐거움, 누가 나를 알아주든 말든 유유자적 자기 삶을 살아가는 자세, 이렇게 쉬운 듯 쉽지 않은 말을 담고 있는 것이 《논어》이다. 여기서 '학습學習'이라는 단어가 나왔다. 당호나 이름을 '시습時習'으로 지은 적지 않은 사례도 여기서 나왔다. 원문의 '군자'를 '신사'로 풀기도 했었다. 어원을 따지면 '군자'나 '신사'는 어떤 특정한 신분을 지칭하는 말이었다. 요즘 기준으로 말하자면 '멋진 남자'이다. "불역不亦~호乎" 원문 구문을 충실하게 따라서 풀이한 "또한 기쁘지 않겠는가, 또한 즐겁지 않겠는가, 또한 진정한 군자가 아니겠는가"는 "얼마나 기쁠까, 얼마나 즐거울까, 진정한 군자가 아닐까"라고 풀이해도 무방하다.

子曰: "學而時習之, 不亦說乎! 有朋, 自遠方來, 不亦樂乎! 人不知, 而不慍,
자왈 학이시습지 불역열호 유붕 자원방래 불역락호 인부지 이불온

不亦君子乎!"
불역군자호

유 선생이 말씀하셨다. "사람 됨됨이가 효성과 우애가 있는데도 윗사람에게 함부로 하는 사람은 드물다. 윗사람에게 함부로 하는 것을 좋아하지 않는데도 난을 일으키는 것을 좋아하는 사람은 이제껏 없었다. 군자는 근본에 힘쓴다. 근본이 서면 도가 생긴다. 효성과 우애는 인을 실천하는 근본이다."

○ '유자有子'는 '유 선생'으로, 유약有若이라는 설이 많았다. 유약은 공자의 제자이다. 공자보다 열세 살 어리다는 설도 있고 서른세 살 어리다는 설도 있다. 존칭 '자子'를 붙여 호칭한 것을 보면, 유약은 공자의 제자 중 선배 격이어서 선생 대접을 받았거나 유약에게서 배운 제자가 이 말을 한 것일 수도 있다.
한 마디로 정의하기 쉽지 않은 네 단어가 등장했다. '효孝', '제弟', '도道', '인仁'이다. '제弟'는 나중에 '제悌'로 독립하여 쓰게 된다. 인간관계의 종류는 간단히 '부모-자녀', '상사-부하' 등과 같은 상하관계와 '형제자매', '친구', '동창' 등과 같은 수평관계로 나눌 수 있다. 상하관계에서 지녀야 할 덕목이 '효孝'이고, 수평관계에서 지녀야 할 덕목이 '제弟/悌'이다. 여기서는 일단 '효성'과 '우애'로 풀었다. '도道'와 '인仁'은 그 의미를 파헤친 저술이 등장할 정도로 한 마디로 정의하기 쉽지 않다.

有子曰: "其爲人也孝弟, 而好犯上者, 鮮矣. 不好犯上, 而好作亂者, 未之有也.
유자왈 기위인야효제 이호범상자 선의 불호범상 이호작란자 미지유야

君子務本, 本立而道生, 孝弟也者, 其爲仁之本與."
군자무본 본입이도생 효제야자 기위인지본여

03

선생께서 말씀하셨다.

"듣기 좋게 꾸미는 말이나 보기 좋게 짓는 표정에는 진정성이 별로 없다."

○ 상대방이 듣기 좋으라고 꾸미는 말이나 무작정 얼굴에 짓는 미소에는 진정성이 드물다는 말이다.

처음 읽는 논어

子曰: "巧言令色, 鮮矣仁."
자왈 교언영색 선의인

증 선생이 말씀하셨다.

"나는 하루에 세 번 자신을 돌아본다. 누구를 위해 어떤 일을 하는 데 정성을 다하지 않았는가? 친구와 교류하는 데 신의가 없지는 않았는가? 전수받은 것을 복습하지 않았는가?"

○ 공자의 제자인 증자는 스스로 하루 세 번씩 반성하였다. 그 내용은 '남을 위하여 일을 도모함에 성실히 다하였는가? 친구와 더불어 사귀되 신의가 있었는가? 전수받은 것을 복습하지 않은 것이 없는가?'이다. 증자의 생활 철학을 읽을 수 있으며, 자기반성이 얼마나 중요한가를 알 수 있다.

曾子曰:"吾日三省吾身. 爲人謀而不忠乎?
증자왈 오일삼성오신 위인모이불충호

與朋友交而不信乎? 傳不習乎?"
여붕우교이불신호 전불습호

선생께서 말씀하셨다.

"천승의 나라를 다스리려면 경건하게 매사에 임하고, 신의가 있어야 하고, 쓰임새를 절약하고 백성을 사랑해야 하며, 백성에게 일을 시키려면 때를 맞추어야 한다."

○ 공자는 천승의 나라, 즉 전쟁에 수레 천 대를 내놓을 수 있는 규모의 제후의 나라를 다스리는 도道를 이렇게 말하였다. 일을 소중히 하여 백성에게 믿음이 가게 해야 하며, 국가의 비용을 절약하고 백성을 사랑해야 하며, 백성에게 노역을 시킬 때에는 때에 맞추어야 한다. 여기서 때에 맞춘다는 것은 예를 들어 농사철에 부역을 시켜 백성이 농사를 짓지 못하게 하면 안 된다는 뜻이다.

子曰:"道千乘之國, 敬事而信, 節用而愛人, 使民以時."
자왈 도천승지국 경사이신 절용이애인 사민이시

선생께서 말씀하셨다.

"너희들은 집에 들어가면 부모님께 효도하고, 밖에 나와서는 친구들과 우애 있고, 성실하고 믿음 있고, 널리 사람들을 사랑하고, 어진 사람을 가까이해야 한다. 이것을 실행하고도 여력이 있으면 글을 배우는 것이다."

○ 효도, 우애, 성실, 신의, 인애 등 행실과 '학문學文'을 나누어 선후관계를 말했다. 여기서 '학문學文'은 지식을 배우는 것이고, 나머지는 심성과 행실에 속한다고 할 수 있다. 심성과 행실이 먼저 갖추어지고 나서야 지식을 배우는 것이라고 했다.

子曰:"弟子入則孝, 出則弟, 謹而信, 汎愛衆, 而親仁, 行有餘力, 則以學文."
자왈 제자입즉효 출즉제 근이신 범애중 이친인 행유여력 즉이학문

자하가 말했다.

"(배우자를 대할 때는) 인품을 중시하고 외모를 중시하지 않으며, 부모를 모실 때는 있는 힘을 다할 수 있으며, 군주를 모실 때는 자신을 바칠 수 있으며, 친구와 사귈 때는 말에 신의가 있다면, 비록 배우지 않았다 할지라도 나는 그가 배웠다고 반드시 말할 것이다.

○ 자하子夏는 공자의 제자 복상卜商의 자字이다. 원문 '賢賢易色'의 뜻에 대해서 예로부터 논란이 많았다. '易'를 '이'로 발음하고 '중시하지 않다, 쉽게 보다'의 뜻으로 풀기도 하고, '易'을 '역'으로 발음하고 '바꾸다, 변화시키다'의 뜻으로 풀기도 한다. 전자의 경우는 "인품을 중시하고 외모를 중시하지 않다"라는 뜻이 되고, 후자의 경우는 "현자를 현자로 존중하는 것과 미인을 좋아하는 것을 바꾼다"는 뜻이 된다. 뒤의 세 가지가 부모, 군신, 붕우 등 관계를 말하는 것이므로 이것도 관계의 하나인 부부(남녀) 관계를 말하는 것으로 보았다.

子夏曰: "賢賢易色, 事父母, 能竭其力
자하왈　현현이색 사부모 능갈기력

事君, 能致其身
사군 능치기신

與朋友交, 言而有信, 雖曰, 未學, 吾必謂之學矣."
여붕우교 언이유신 수왈 미학 오필위지학의

선생께서 말씀하셨다.

"군자는 중후하지 않으면 위엄이 없고 배워도 견고하지 않다. 충忠과 신信을 주로 하고, 자기만 못한 자를 친구로 삼지 말 것이며, 잘못이 있으면 고치는 것을 꺼리면 안 된다."

○ 군자는 언행이 무겁지 않으면 위엄이 없으니 비록 배워도 자기 것으로 만들기 어렵다. 성실과 신의를 주로 하고, 자기만 못한 친구와는 사귀지 말고, 잘못이 있으면 바로 이를 고칠 줄 알아야 한다. 잘못을 은폐하면 다음에는 더 큰 거짓말을 해야 하기 때문이다. 거짓은 거짓을 낳을 뿐 진실과는 멀어진다.

子曰:"君子, 不重則不威, 學則不固. 主忠信, 無友不如己者, 過則勿憚改."
자왈 군자 부중즉불위 학즉불고 주충신 무우불여기자 과즉물탄개

09

증 선생이 말씀하셨다.

"부모의 상례를 신중히 정성껏 처리하고, 먼 옛날 조상을 추모하면, 백성의 덕망이 성실한 쪽으로 돌아간다."

○ '慎終(신종)'의 '종終'은 가까운 시기나 사람의 죽음으로, '추원追遠'의 '원遠'은 먼 시기 사람의 죽음으로 보았다. 이렇게 상례와 장례를 정성껏 봉행함으로써 백성의 의식이 도덕을 추구하는 방향으로 간다고 말했다.

처음 읽는 논어

曾子曰:"慎終, 追遠, 民德歸厚矣."
증자왈 신종 추원 민덕귀후의

선생께서 말씀하셨다.

"아버지가 살아계실 때는 자식의 뜻을 보고, 아버지가 돌아가신 뒤에는 자식의 행실을 보아야 한다. 3년 동안 아버지의 길을 바꾸지 않으면 효孝라고 할 수 있다.

○ 아버지가 살아계실 때는 자식이 독단적으로 하지 못하므로 자식의 마음의 뜻을 관찰하고, 아버지가 돌아가신 다음에는 자식의 행동을 살펴보라는 것이다. 그래서 3년 동안 아버지의 길을 바꾸지 않으면 효성스러운 것으로 보았다.

이에 대해 예로부터 두 가지 논란이 있었다. 첫째는 아버지의 도가 옳지 않은 경우에도 3년을 지켜야 하는가이다. 이에 대해서는 아버지의 도가 긍정적인 경우에 한해서라는 해설이 많았다. 둘째는 3년이라는 시간에 대해서이다. 고정된 숫자라는 설도 있고, '짧지 않은 일정 기간'의 수사적 표현이라는 설도 있다.

子曰:"父在, 觀其志 父沒, 觀其行. 三年, 無改於父之道, 可謂孝矣."
자왈 부재 관기지 부몰 관기행 삼년 무개어부지도 가위효의

유 선생이 말씀하셨다.

"예禮의 쓰임은 조화를 귀하게 여긴다. 선왕의 도는 이 점이 훌륭해서, 크고 작은 일이 이를 통해 진행되었다. 진행되지 않는 것이 있으면 조화를 구할 줄 알아서 조화를 찾았다. 예로 절제하지 않으면 또한 진행할 수 없다."

○《중용》에서는 희로애락의 감정이 생기지 않은 상태를 '중中'이라고 하고, 생겼으되 적절한 상태인 것을 '화和'라고 했다. 공자는 '예禮'를 중시했다. 그의 가르침을 예교禮教라고 할 정도다. '예'가 언제 어디서나 지켜야 할 생활 규범이라고 한다면 사람의 행동을 제약하고 통제하기 위한 수단이라고 인식하기도 한다. 그런데 그 예의 도입 및 활용은 원래 '조화和'를 추구한 것이었다는 말이다. 이는 마치 여러 가지 재료가 저마다 특색을 발휘하되 조화를 이루어 맛을 내는 음식과도 같고, 여러 가지 소리가 저마다 개성을 표현하되 화음을 이루는 음악과도 같다는 말이다.

처음 읽는 논어

有子曰:"禮之用, 和爲貴. 先王之道, 斯爲美, 小大由之. 有所不行, 知和而和,
유자왈 예지용 화위귀 선왕지도 사위미 소대유지 유소불행 지화이화

不以禮節之, 亦不可行也."
불이례절지 역불가행야

유 선생이 말씀하셨다.

"약속을 지켜서 의義에 가깝다면 그의 말을 실천해도 된다. 공손한 자세가 예에 가깝다면 치욕으로부터 멀어진다. 의지하는 자로부터 친분을 잃지 않으면 최고라고 할 만하다."

○ 원문에서 '복復'은 '복언(復言: 하기로 했던 말을 실천에 옮기다)'을 뜻한다.

有子曰: "信近於義, 言可復也. 恭近於禮, 遠恥辱也. 因不失其親, 亦可宗也."
유자왈 신근어의 언가복야 공근어례 원치욕야 인부실기친 역가종야

13

선생께서 말씀하셨다.

"군자로서 먹는 것에 배부름만 추구하지 않고, 사는 곳에 편안함만 추구하지 않고, 매사에 민첩히 대응하고, 말을 신중하게 하고, 도가 있는 곳을 찾아 바르게 한다면, 배움을 좋아한다고 할 수 있겠지."

○ 먹는 것에 배부름을 구하지 않고, 거처할 곳에 대하여도 편안하고 안락함을 바라지 않으며, 일을 함에 매사에 민첩하고, 말을 삼가고, 도가 높은 이를 찾아가 그릇됨을 바르게 잡는다면 학문을 좋아한다고 말할 수 있다고 하였다. 군자가 학문에 뜻을 두면 침식을 잊고 열심히 하게 되므로 음식과 잠자리가 어떻든 상관하지 않고 오로지 하는 일만 민첩하게 하고 말을 신중히 하지만, 독단적인 판단으로 부족함이 있을까 두려워 도덕을 갖춘 선배를 찾아가 비판을 듣고 잘못이 있으면 시정할 줄 알아야만 학문을 좋아하는 것이라 하였다.

처음 읽는 논어

子曰:"君子, 食無求飽, 居無求安, 敏於事而愼於言, 就有道而正焉,
자왈 군자 식무구포 거무구안 민어사이신어언 취유도이정언

可謂好學也已."
가위호학야이

자공이 말했다. "가난하되 아첨함이 없으며 부자이면서도 교만
함이 없으면 어떻습니까?" 선생께서 말씀하셨다. "괜찮겠지. 그
렇지만 가난하면서도 즐거우며 부유하면서도 예를 좋아하는
것만 못하니라." 자공이 말했다. "《시경》의 시에서 '자르듯 끊
는 듯, 쪼는 듯 가는 듯'이라고 노래한 것은 이것을 말한 것입니
까?" 선생께서 말씀하셨다. "사야, 이제야 비로소 시에 대해 너
와 얘기할 수 있겠구나. 앞의 것을 말해주자 앞으로 말할 것을
아는구나."

○ 자공이《시경》에 나오는 '절차탁마'란 말을 인용하여, '아첨
하지 않는 것보다 도를 즐기는 것이 낫고 교만하지 않은 것보
다 예를 좋아하는 것이 더 낫다'는 말과 같은 뜻이 아니겠느냐
고 하자, 공자는 자공이《시경》에 나오는 말을 인용하여 뜻을
분명히 파악하고 있는 것을 알고, 이제부터 그와《시경》에 관
하여 이야기해도 되겠다고 본 것이다. 어떤 말을 하면 그 다음
에 무슨 말을 할지 알고 있기 때문이다.

子貢曰: "貧而無諂, 富而無驕, 何如?" 子曰: "可也, 未若貧而樂,
자공왈 빈이무첨 부이무교 하여   자왈 가야 미약빈이락

富而好禮者也." 子貢曰: "詩云:'如切如磋, 如琢如磨', 其斯之謂與."
부이호례자야   자공왈 시운 여절여차 여탁여마 기사지위여

子曰: "賜也, 始可與言詩已矣. 告諸往而知來者."
자왈 사야 시가여언시이의 고제왕이지래자

선생께서 말씀하셨다.

"남이 자신을 알아주지 않는 것을 걱정하지 말고, 내가 남을 알아주지 않는 것을 걱정해라."

○ 교만한 사람, 예를 모르는 사람은 다른 사람이 자신을 알아주기를 바라고, 또 그래야 한다고 믿는다. 자기 자신보다는 다른 사람에게 허물을 돌린다. 이에 대하여 공자는 사람이란 남이 자기를 알아주지 않는 것을 탓할 것이 아니라 남의 재능을 알아주지 못하는 자신의 부족함을 근심하라고 하였다.

子曰: "不患人之不己知, 患不知人也."
자왈 불환인지불기지 환불지인야

제2편

위정
(爲政)

선생께서 말씀하셨다.

"덕으로 정치를 하는 것은 마치 북극성이 제자리에 있고 모든 별이 두 손 모아 둘러서는 것과 같다."

○ 정치는 구심점을 이루는 것과 같다. 정치에서 도덕을 근본으로 삼으면 마치 북극성이 북쪽에 자리 잡는 것과 같다. 그럼 다른 모든 별이 북극성을 향하는 것이다.

子曰:"爲政以德, 譬如北辰居其所, 而衆星拱之."
자왈 위정이덕 비여북신거기소 이중성공지

선생께서 말씀하셨다.

"법률로 백성을 이끌고 형벌로 말 잘 듣게 하면 백성은 범죄를 벗어날지라도 염치를 따지는 것이 없고, 덕으로 백성을 이끌고 예절로 잘 따르게 하면 염치를 따지는 것이 있고 또한 잘 따르게 된다."

○ 원문에서 '道(도)'는 동사 용법으로 '이끌다'라고 풀었다. 나중에는 이 뜻으로 '導(도)'가 더 만들어졌다. '免(면)'이 한 글자로 쓰이면 "죄를 면제하다, 형 집행을 면제하다, 화를 벗어나다"의 뜻이다. '格(격)'에 대해서는 여러 설이 있었는데, '가까이 하여 잘 따르다'는 뜻으로 보았다.

子曰:"道之以政, 齊之以刑, 民免而無恥, 道之以德, 齊之以禮, 有恥且格."
자왈 도지이정 제지이형 민면이무치 도지이덕 제지이례 유치차격

선생께서 말씀하셨다.

"시 300편을 한 마디로 개괄하자면 '사특한 생각이 없다'이다."

○ 시 300편이란《시경》에 수록된 시를 일컫는다.《시경》에는 현재 305편이 수록되어 전해진다.《시경》은 유가의 필수 교과서라고 할 수 있는 5경 가운데 하나이다. 오경이란《시경》을 비롯하여《서경》·《역경》·《춘추》·《예기》를 말한다.

子曰: "詩三百, 一言以蔽之, 曰: '思無邪'."
자왈 시삼백 일언이폐지 왈 사무사

04

선생께서 말씀하셨다.

"나는 열다섯 살 때 공부에 뜻을 두었고, 서른 살에 자립했고, 마흔 살이 되자 사리에 분명하여 유혹받지 않았고, 쉰이 되어 천명을 알았고, 예순 살이 되자 무엇을 들으면 귀에 술술 들어왔고, 일흔 살이 되어서는 마음에 하고자 하는 일을 해도 법도에 어긋나지 않았다.

○ 나이를 일컫는 여러 별칭이 있다. 그중 마흔 살을 '불혹不惑'이라고 하고, 쉰 살을 '지천명知天命'이라고 하고, 예순 살을 '이순耳順'이라고 하는 관습이 이 말로부터 시작되었다. 그 외 열다섯 살을 '지학'이라고 하기도 하고, 서른 살을 '이립'이라고 하기도 하는데, 가장 많이 쓰이는 건 '불혹, 지천명, 이순'이다. 일흔 살을 '고희古稀'라고 하는 것도 이 말에서 나온 것으로 혼동하는 예가 있는데, 고희는 당나라 때 두보의 시 '인생칠십고래희人生七十古來稀'에서 온 말이다. 여기서 '천명'이 무엇인지 예로부터 설이 많았는데, 무어라고 딱 집어 말하기가 쉽지 않다. '이순耳順'도 '세상사를 많이 겪게 되어 무엇을 들어도 술술 이해가 되었다'는 뜻으로 해석하기도 하고, 어떤 비판과 비난도 달게 받아들였다는 뜻으로 해석하기도 한다.

子曰: "吾十有五而志于學, 三十而立, 四十而不惑, 五十而知天命,
자왈 오십유오이지우학 삼십이립 사십이불혹 오십이지천명

六十而耳順, 七十而從心所欲不踰矩."
육십이이순 칠십이종심소욕불유구

05

맹의자가 효^孝란 무엇인지 물었다.

선생께서 말씀하셨다.

"어김이 없어야 한다."

번지가 수레를 끌고 가고 있었는데, 선생께서 그에게 말씀하셨다.

"맹손이 효란 무엇인지 나에게 묻기에, 나는 '어김이 없어야 한다'고 말했다."

번지가 물었다.

"무슨 말씀이신지요?"

선생께서 말씀하셨다.

"살아계실 때는 예로써 모시고, 돌아가신 다음에는 예로써 장례 지내고, 예로써 제사 지내는 것이다."

○ 맹의자는 노나라의 대부 중손씨로 이름은 하기何忌이다. 하기가 공자에게 효라는 것이 무엇이냐고 묻자 공자는 어김이 없어야 한다고 하였다. 어김이 없어야 한다는 것은 예법에 어김이 없어야 한다는 것이다. 예법이란 사람이 지켜야 할 도리로서, 도리에 위배되지 않아야 한다는 것이다.

번지는 이름이 수須로, 공자의 제자이다. 어御란 수레를 끄는 것이다. 공자가 타고 있는 수레를 번지가 몰고 가는데, 맹손 즉 중손씨가 효를 묻기에 무위 즉 도리에 위배되지 말라고 하였다고 공자가 번지에게 말했다. 그러자 번지는 무위가 무엇을 말하는 거냐고 되받아 물었다.

부모의 명령에 따르는 것을 효라고 여길까 봐 공자도 염려하여, 번지가 묻자 부모가 살아계실 때에는 예로써 모셔야 하고, 돌아가셨을 때에는 예로써 장례를 치르고, 예로써 제사를 지내는 것이라 하였다.

여기에서 예란 호화롭게 하라는 뜻이 아니다. 즉, 공자도 호화롭게 하는 것이 아니라는 것을 강조하기 위하여 효라는 것을 구체적으로 설명하였는데, 할 수 있는 만큼 하라는 것이다. 할 수 있는데 안 하는 것은 예가 아니란 뜻이다.

孟懿子問孝. 子曰: "無違." 樊遲御, 子告之曰: "孟孫問孝於我. 我對曰 無違."
맹의자문효 자왈 무위 번지어 자고지왈 맹손문효어아 아대왈 무위

樊遲曰: "何謂也?" 子曰: "生事之以禮, 死葬之以禮, 祭之以禮."
번지왈 하위야 자왈 생사지이례 사장지이례 제지이례

맹무백이 효에 대해 물었다. 선생께서 말씀하셨다.

"부모님이 오직 건강 문제만 걱정하시게 해야 한다."

○ 원문에서의 지시대명사 '기其'가 누구를 지칭하는 것으로 보느냐에 따라 예로부터 두 갈래 해석이 있었다. 첫째는 '부모'를 지칭하는 것으로 보는 것이다. 부모는 다른 걱정은 없고 오직 부모 자신의 건강만 걱정하게 하는 것이 효라는 말이다. 둘째는 '자식'을 지칭하는 것으로 보는 것이다. 부모는 자식의 다른 것은 걱정할 필요 없고 오직 건강 문제만 걱정하도록 해야 한다는 것이다. 여기서는 후자를 따랐다.

처음 읽는 논어

孟武伯問孝. 子曰:"父母唯其疾之憂."
맹무백문효 자왈 부모유기질지우

자유가 효에 대해 물었다. 선생께서 말씀하셨다.

"오늘날 효라고 하는 것은 부양할 수 있느냐의 여부를 일컫는다. 개나 말의 경우에도 모두 부양할 수는 있다. 공경하지 않는다면 무슨 차이가 있을까?"

○ 자유子游는 공자의 제자이다. 성은 언言이고, 이름은 언偃이며, 자가 자유이다. 여기서 원문의 '양養'은 '부양하다'란 뜻이다. 그런데 두 번째 '양養'에서 누가 누구를 부양한다는 것인지 논란이 있었다. 부양의 주체를 개나 말로 보아서, 개나 말도 사람을 부양할 수는 있다고 풀이하기도 했고, 부양의 주체를 사람으로 보아 생존 차원의 부양은 누구나 하지만 공경하는 마음이 없으면 안 된다고 풀이하기도 했다.

子游問孝. 子曰:"今之孝者, 是謂能養. 至於犬馬, 皆能有養 不敬, 何以別乎?"
자유문효 자왈 금지학자 시위능양 지어견마 개능유양 불경 하이별호

08

자하가 효에 대해 물었다. 선생께서 말씀하셨다.

"부모를 모시며 늘 기쁜 안색을 유지하는 것이 어려운 법이다. 일이 있으면 아들이 일을 하고, 마실 것과 먹을 것이 있으면 어른 먼저 들게 하는 것만으로 효라고 여겼단 말인가?"

○ 부모가 힘든 일을 하지 않게 자식이 맡아서 하고, 먹을 것과 마실 것이 있으면 부모 먼저 들게 하는 것이 효도라고 생각할 것이다. 물론 이것도 효도이다. 하지만 가장 어려운 건 부모 앞에서 언제나 기쁜 안색을 취하는 것이라는 말이다.

처음 읽는 논어

子夏問孝. 子曰:"色難. 有事, 弟子服其勞, 有酒食, 先生饌, 曾是以爲孝乎?"
자하문효 자왈 색난 유사 제자복기로 유주식 선생찬 증시이위효호 선생께서 말씀하셨다.

"그가 누구와 어울리는가 보고, 그가 왜 그러는지 살펴보고, 그가 무엇을 편안히 여기는지 관찰하면 된다. 사람이 어떻게 숨길 수 있을까, 사람이 어떻게 숨길 수 있을까?"

○ '이以'는 '어울리다, 함께하다'로 풀었다. 사람이 누구와 어울리는지, 어떤 행동을 할 때는 왜 그러게 되었는지, 무엇에 편안함을 느끼고 무엇에 불안함을 느끼는지 등을 살펴보면 진심인지 가식인지 모두 드러난다는 말이다.

子曰: "視其所以, 觀其所由, 察其所安, 人焉廋哉, 人焉廋哉."
자왈 시기소이 관기소유 찰기소안 인언수재 인언수재

10

선생께서 말씀하셨다. "옛것을 익히고 새로운 것을 알면 스승이 될 수 있다."

○ 네 글자로 축약하여 '온고지신溫故知新'으로 많이 쓰이는 말이다. 여기에서 알다시피 공자는 스승이 되기 위한 조건으로 이 말을 했다.

子曰: "溫故而知新, 可以爲師矣."
자왈　온고이지신 가이위사의

11

선생께서 말씀하셨다. "군자는 그릇처럼 되지 않는다."

○ 여기서 그릇은 모양과 용도가 한 가지에만 한정된 것을 비유한다. 군자는 관심과 생각이 한곳에만 치중되어 변화와 융통을 몰라서는 안 된다는 말이다.

子曰: "君子不器."
자왈　군자불기

12

자공이 군자에 대하여 물었다.

선생께서 말씀하셨다. "말에 앞서 먼저 실천에 옮기고, 그 다음에 말이 뒤따른다."

○ 군자는 말보다 실천이 앞서야 한다는 말이다. 먼저 실천하여 보여주고 나서 말을 해야 한다는 것이다.

子貢問君子. 子曰: "先行其言, 而後從之."
자공문군자 자왈 선행기언 이후종지

13

선생께서 말씀하셨다. "군자는 단결하되 패거리를 짓지 않고, 소인은 패거리만 짓고 단결하지 않는다."

○ 군자는 대의를 위하여 단결할 줄 알고, 소인은 그때그때의 이익을 위하여 패거리를 짓고 쉽게 이합집산한다는 말이다.

子曰: "君子, 周而不比, 小人, 比而不周."
자왈 군자 주이불비 소인 비이불주

선생께서 말씀하셨다.

"배우기만 하고 생각하지 않으면 속임을 당하고, 생각하기만 하고 배우지 않으면 위태롭다."

○ 배운다는 것은 합리적으로 사고하고 이성적으로 판단하기 위한 일이다. 합리적 사고와 이성적 판단을 하지 않고 배우기만 하면 사기를 당하기 알맞을 뿐이다.

그 반대로 생각만 하고 배우지 않으면 식견이 좁아서 독단에 빠질 우려가 있다. 독단은 위험에 빠지는 길이다.

子曰: "學而不思則罔, 思而不學則殆."
자왈 학이불사즉망 사이불학즉태

선생께서 말씀하셨다.

"유由야, 안다는 것이 무엇인지 너에게 가르쳐주마. 알면 안다고 하고, 모르면 모른다고 하는 것, 이것이 아는 것이다."

○ 유由는 공자의 제자로 성은 중仲이고 자는 자로子路이다. 용기를 좋아한 것으로 유명했다. 자로가 용기를 좋아하는 성품이어서 아마도 잘 알지도 못하면서 억지로 안다고 할 경우가 있었기 때문에 특별히 그에게 안다고 하는 것이 무엇인지를 설명하고 있다.

즉, 아는 것만을 안다고 하고 모르는 것은 솔직히 모른다고 하는 것이 바로 안다는 것이라 하였다. 모르는 것을 모른다고 하는 것은 쉬우면서도 하기 어려운 말이지만 그렇게 하면 남을 속이지는 않을 것이다.

子曰:"由, 誨女知之乎. 知之爲知之, 不知爲不知, 是知也."
자왈 유 회여지지호 지지위지지 부지위부지 시지야

16

애공이 물었다.

"어떻게 하면 백성이 따릅니까?"

선생께서 대답하셨다.

"곧은 사람을 발탁하여 굽은 사람 위에 놓으면 백성이 따릅니다. 굽은 사람을 발탁하여 곧은 사람 위에 놓으면 백성은 따르지 않습니다."

○ 애공은 노魯나라의 임금으로, 성은 희姬 이름은 장蔣이다. 정공定公의 아들로, 정공의 뒤를 이어 27년 재위했다. 정치를 어떻게 해야 백성이 따르겠느냐고 애공이 공자에게 묻자 공자가 대답한 것이다. 임금의 물음에 대답할 때는 '대왈對曰'이라고 했다. 마음이 곧은 인재를 등용하여 마음이 굽은 소인배들 위에 올려놓으면 백성은 복종하고 따를 것이며, 마음이 굽은 소인배들을 등용하여 정직한 사람 위에 올려놓으면 백성은 복종하지 않고 따르지 않을 것이라고 하였다.

44

처음 읽는 논어

哀公問曰: "何爲則民服?" 孔子對曰: "擧直錯諸枉, 則民服, 擧枉錯諸直,
애공문왈 하위즉민복   공자대왈 거직조저왕 즉민복 거왕조저직
則民不服."
즉민불복

계강자가 물었다.

"백성이 공경하고 충성하고 권면하게 하려면 어떻게 하면 되겠습니까?"

선생께서 말씀하셨다.

"백성에게 존중으로 다가가면 공경할 것이고, 효성과 자애로 다가가면 충성할 것이고, 선한 자를 등용하여 능력이 부족한 자를 가르치게 하면 권면할 것입니다."

○ 계강자는 노나라 애공 때 대부이다. 당시 실권을 쥐었던 사람이다. 백성이 어떻게 하기를 바라면 지도자가 먼저 그렇게 하는 것으로 다가가라는 말이다.

季康子問: "使民敬忠以勸, 如之何?" 子曰: "臨之以莊, 則敬 孝慈, 則忠
계강자문 사민경충이권 여지하   자왈 임지이장 즉경 효자 즉충

舉善而敎不能, 則勸."
거선이교불능 즉권

18

선생께서 말씀하셨다.

"사람이 되어서 신의가 없다면, 그래도 되는지 모르겠다. 큰 수레에 큰 쐐기가 없거나 작은 수레에 작은 쐐기가 없다면 수레가 움직일 수 있겠는가?"

○ '예輗'와 '월軏'은 수레의 끌채와 수레를 끄는 동물의 멍에를 연결하는 부위를 고정시키는 쐐기이다. 이것이 없으면 수레에 소나 말을 연결할 수 없어 수레의 역할을 할 수 없다. 사람에게 신의가 없으면 마치 수레에 쐐기가 없는 것과 같다는 말이다.

子曰:"人而無信, 不知其可也. 大車無輗, 小車無軏, 其何以行之哉?"
자왈 인이무신 부지기가야 대거무예 소거무월 기하이행지재

19

선생께서 말씀하셨다.

"제사를 지내야 하는 귀신이 아닌데 제사를 지낸다면 아첨하는 것이다. 정의를 위하여 나서야 할 상황을 보고도 나서지 않으면 용기가 없는 것이다."

○ 여기서 귀신은 조상의 귀신을 말한다. 사망한 후에는 영혼을 달래기 위해서, 시간이 흐른 다음에는 복을 빌기 위해서 제사를 지낸다. 하지만 제사를 지낼 대상이 아닌데 제사를 지내는 것은 아첨하는 행태와 똑같다는 말이다.

子曰: "非其鬼而祭之, 諂也. 見義不爲, 無勇也."
자왈 비기귀이제지 첨야 견의불위 무용야

제3편

팔일
(八佾)

선생께서 계씨에 대해 말씀하셨다. "마당에서 팔일무를 추게 하였다니, 이런 짓을 할 수 있다면 무슨 짓인들 못하겠는가!"

○ 계씨는 노나라 대부이다. '팔일무'는 여덟 명 곱하기 여덟 명, 즉 64명이 추는 춤이다. 당시 오직 천자만 즐길 수 있던 춤이라고 한다. 제후는 육일무, 즉 48명이 추는 춤을, 대부는 사일무, 즉 32명이 추는 춤을 즐길 수 있었다. 계씨는 대부이므로 사일무를 즐겨야 했다. 그런데 자기 사저에서 팔일무를 추게 했다는 것이다. 여기서는 '인忍'에 대한 관점에 따라서 두 가지 해석이 전해진다. 첫째, 어떤 부도덕한 일을 '하다'는 뜻이다. '잔인殘忍하다'에서의 '인忍'과 비슷하다. 그러면 "이런 짓도 저지를 수 있다면 어떤 짓인들 못 저지르겠는가!"라는 뜻이 된다. 둘째, '참다'는 뜻이다. 그러면 "이걸 참을 수 있다면, 무엇을 못 참겠는가!" 즉 "이것은 도저히 참을 수 없다"는 뜻이 된다. '인忍'의 용법과 의미에 대한 고증과 연구가 쌓이면서 전자의 해석이 정착되는 추세이다. 그런데 《논어》의 구절이 워낙 유명하여 예로부터 성어나 숙어로 정착되어 쓰이는 것이 적지 않은데, 이 구절이 "是可忍也(시가인야), 孰不可忍(숙불가인)" 사언구로 쓰이는 경우는 후자의 의미로 쓰인다.

孔子謂季氏, "八佾舞於庭, 是可忍也, 孰不可忍也!"
공자위계씨 팔일무어정 시가인야 숙불가인야

선생께서 말씀하셨다.

"사람이 되어서 어질지 않으면, 예의를 어디에 쓰겠으며, 사람이 되어서 어질지 않으면, 음악을 어디에 쓰겠는가?"

○ 예의와 음악은 인간 생활에서 기본적인 문화 표현이다. 예악에는 인간애가 흐르고 있어야 한다. 사람이 사람다운 애정이 없으면 예의는 무엇에 필요하며 음악은 어디에 쓰겠는가!

子曰: "人而不仁, 如禮何 人而不仁, 如樂何?"
자왈 인이불인 여례하 인이불인 여악하

임방이 예의 근본은 무엇인지 물었다. 선생께서 말씀하셨다.
"훌륭한 질문입니다. 예의를 지킨다면서 호화로운 것보다는 차라리 검소한 것이 낫고, 상례를 지킨다면서 모든 것을 갖추기보다는 차라리 슬퍼하는 것이 낫습니다."

○ 임방은 노나라 사람이다. 예의 근본은 무엇인지 공자에게 물었다. 공자는 훌륭한 질문이라고 하면서 예의 근본에 관하여 답하였다.

예의 근본정신은 형식에 있는 것이 아니다. 그러므로 형식을 지키려고 사치스럽게 할 필요는 없다. 사치보다는 차라리 검소하게 하는 것이 좋다. 장례식도 의례를 지키기 위해 머리를 쓰는 것보다는 마음으로 슬퍼하며 죽은 사람을 애도하는 것이 예의 근본이다.

林放問禮之本. 子曰: "大哉問! 禮, 與其奢也, 寧儉, 喪, 與其易也, 寧戚."
임방문예지본 자왈 대재문 예 여기사야 녕검 상 여기이야 녕척

선생께서 말씀하셨다.

"군자는 다투는 일이 없다. 굳이 다투어야 하는 경우가 있다면 활쏘기이리라. 그러나 그때도 인사하고 대회장에 올라가고, 마치고 내려와 벌주를 마신다. 다투는 것마저 군자답다."

○ 활쏘기 예절은 《의례(儀禮)》〈향사례(鄕射禮)〉와 〈대사의(大射儀)〉에 나온다. 활쏘기 시합을 할 때는 대회장에 올라가서 활을 쏘고, 누가 과녁을 많이 맞추었는지 따져봐서 적게 맞춘 사람이 벌주를 마신다.

子曰: "君子無所爭. 必也射乎! 揖讓而升, 下而飲. 其爭也君子."
자왈 군자무소쟁 필야사호 읍양이승 하이음 기쟁야군자

자하가 물었다. "'예쁜 웃음 저 보조개, 아름다운 눈동자여, 흰 바탕에 울긋불긋 색을 칠했노라' 이렇게 노래했는데, 무엇을 말하는 것입니까?" 선생께서 말씀하셨다. "흰 바탕을 마련하고 나서 그림을 그리는 것이다." 자하가 말했다. "덕德이 먼저이고 예禮는 나중임을 말한 것입니까?" 선생께서 말씀하셨다. "나를 일깨워주는 사람은 상商이구나. 이제야 비로소 함께 시를 이야기할 수 있겠구나."

○《시경詩經》〈위풍衛風〉에 나오는 구절이다. '흰 바탕에 울긋불긋 색을 칠했노라素以爲絢兮'라고 한 부분은 현존《시경》에는 전해지지 않는다. 하얀 비단에 아름다운 그림을 그린다고 할 때, 덕을 하얀 비단에 비유하고 예를 아름다운 그림에 비유하여, 먼저 바탕으로 갖추어야 하는 것이 덕임을 말하는 것이다. 자하가 시의 그런 뜻을 제대로 파악한 것으로 판단한 공자는 이제 자하와 시에 대해 얘기할 수 있겠다고 칭찬한 것이다.

처음 읽는 논어

子夏問曰:"巧笑倩兮, 美目盼兮, 素以爲絢兮', 何謂也?"子曰:"繪事後素."
자하문왈 교소천혜 미목분혜 소이위순혜 하위야 자왈 회사후소

子夏曰:"繪後乎?"子曰:"起予者, 商也, 始可與言詩已矣."
자하왈 예후호 자왈 기여자 상야 시가여언시이의

06

왕손가가 물었다.

"'안방의 신에게 잘 보이는 것보다 부뚜막 신에게 잘 보이는 것이 낫다'는 말이 있는데, 무슨 뜻입니까?"

선생께서 말씀하셨다.

"그렇지 않습니다. 하늘에 죄를 지으면 아무리 빌어도 소용없습니다."

○ 왕손가는 위衛나라 영공靈公 때 대부이다. '안방의 신에게 잘 보이는 것보다는 부뚜막 신에게 잘 보이는 것이 낫다'는 말은 당시 속담으로 보인다.

방의 서남쪽 구석을 '오奧'라고 하고, '조竈'는 부뚜막이다. 옛날에는 방의 서남쪽 구석과 부뚜막에 신이 있다고 여겨서 제사를 지냈다. 이 대화는 비유를 들어 말한 것으로, 대체로 두 가지 뜻으로 보았다.

첫째, 안방의 신은 집의 주인 격으로, 군주인 위령공 또는 위령공이 총애하던 여인 남자南子를 비유하고, 부뚜막 신은 왕손가가 자신을 비유한다는 것이다. 그래서 이 말은 왕손가가 공자에게 위령공이나 남자에게 잘 보이는 것보다 자기에게 잘 보이라고 암시한 것으로 보는 것이다.

이에 공자는 "내가 만약 나쁜 짓을 했다면 누구에게 잘 보여도 소용이 없으며, 나쁜 짓을 하지 않았다면 아무에게도 잘 보일 필요 없다"고 말한 것이다.

둘째, 이 말은 왕손가가 공자에게 가르침을 청한 것으로 보는 것이다. 안방의 신은 군주를 가리키고 부뚜막은 남자, 미자하

등 직위는 낮지만 권세가 있는 사람들을 가리킨다.

그래서 "누군가 나더러 '군주에게 잘 보이느니 남자, 미자하 등 권세 있는 좌우 사람들에게 잘 보이는 게 낫다'고 말했는데, 어떻게 생각하십니까?"라고 물은 것이요, 이에 공자는 "이 말은 맞지 않습니다. 하늘에 죄를 지으면 아무리 빌어도 소용없고 누구에게 잘 보여도 소용없습니다"라고 말한 것이다.

王孫賈問曰: "與其媚於奧, 寧媚於竈', 何謂也?" 子曰: "不然, 獲罪於天,
왕손가문왈 여기미어오 영미어조 하위야 자왈 불연 획죄어천

無所禱也."
무소도야

선생께서 말씀하셨다.

"활쏘기에서는 과녁을 꿰뚫는 것까지 중시하지는 않는다. 저마다 힘이 다르기 때문이다. 이것이 옛날의 도이다."

○ 옛날에는 활쏘기를 교양으로 익혔다. 교양으로 익힐 경우 과녁의 중앙을 맞추느냐 여부만 중시하였을 뿐 화살이 과녁을 꿰뚫는 것까지 중시하지는 않았다는 말이다.

子曰: "射不主皮, 爲力不同科, 古之道也."
자왈   사부주피 위력부동과 고지도야

자공이 매달 초하루 조상에게 지내는 제사에서 희생 양을 안 쓰려고 했다. 선생께서 말씀하셨다. "사賜야, 너는 양을 아끼려는 것이냐, 나는 예를 아끼겠다."

○ 고대에는 매년 해가 바뀔 무렵 주나라 천자가 다음 해 역서를 제후에게 나누어주었다. 제후는 이것을 받아서 조상의 사당에 보관했다. 매달 초하루가 되면 양을 한 마리 잡아서 사당에서 제사를 지내고 조정에 돌아가 조회를 들었다. 이렇게 사당에서 제사 지내는 것을 '고삭告朔'이라고 하고, 조정에서 조회를 듣는 것을 '시삭視朔' 또는 '청삭聽朔'이라고 했다. 자공 때에 와서 매달 초하루에 노나라 군주가 조상의 사당에 가지 않을 뿐 아니라 조회도 듣지 않고 그저 양만 한 마리 잡아서 형식적으로 진행했다. 그래서 자공은 이 형식을 잔류시키느니 양을 희생시키지 않는 것이 낫겠다고 본 것이다. 그런데 공자는 비록 잔류된 형식이지만 아무것도 남기지 않는 것보다는 낫다고 본 것이다.

처음 읽는 논어

子貢欲去告朔之餼羊. 子曰:"賜也! 爾愛其羊, 我愛其禮."
자공욕거고삭이희양 자왈 사야 이애기양 아애기례

선생께서 말씀하셨다.

"군주를 섬길 때 예의를 다하면, 사람들은 아첨한다고 여긴다."

○ 사회생활의 규범과 준칙을 정한 것이 예의였다. 그중에서도 군신의 예의는 가장 엄숙하고 정연했다. 그런데 군신의 예의가 점차 지켜지지 않아서, 예의를 다하여 군주를 섬기면 오히려 아첨하는 것이라고 여기는 지경에 이르렀다는 말이다.

子曰: "事君盡禮, 人以爲諂也."
자왈 사군진례 인이위첨야

노나라 정공이 물었다.

"군주가 신하를 시키고, 신하가 군주를 섬길 때 어찌 합니까?"

선생께서 대답하셨다.

"군주는 예로써 신하를 시키고, 신하는 충정을 다해 군주를 섬겨
야 합니다."

○ 정공定公은 노나라 군주로, 이름은 송宋이다. 소공김公의 아
우로, 소공의 뒤를 이어 왕위에 올랐다.

定公問: "君使臣, 臣事君, 如之何?" 孔子對曰: "君使臣以禮, 臣事君以忠."
정공문 군사신 신사군 여지하   공자대왈 군사신이례 신사군이충

선생께서 말씀하셨다.

"《시경》〈관저〉편 노래는 즐거우면서도 방탕하지 않고, 슬프면서도 고통스럽지 않다."

○《시경》은 중국 고대 노래 가사를 모은 것이다. 현재 305편이 전해진다. 그중 첫 번째 노래가 〈관저〉이다. 제목에 특별한 의미가 있는 건 아니고, 시작 부분 몇 글자를 편명으로 삼았는데, 첫 번째 노래가 '關關雎鳩(관관저구)'로 시작되어서 의성어 '관관關關'의 한 글자와 다음 글자를 택해서 '관저關雎'라고 했다.《시경》의 첫 번째 노래는 감정을 솔직히 표현하였으되 너무 지나치거나 마음이 아픈 지경에 이르게 하지는 않는다는 말이다.

子曰:《關雎》, 樂而不淫, 哀而不傷."
자왈   관저   낙이불음 애이불상

노나라 애공이 재아에게 토신의 위패를 어떤 나무로 만드는지 물었다. 재아가 대답했다. "하나라 때는 소나무로 만들고, 은나라 때는 잣나무로 만들고, 주나라 때는 밤나무로 만들었습니다. 밤나무로 만든 것은 벌벌 떨게 한다는 의미입니다."

선생께서 이 말을 듣고 말씀하셨다. "이미 완성한 일은 더 이상 말하지 않고, 이미 완수한 일은 더 이상 따지지 않고, 이미 지나간 일은 더 이상 탓하지 않는다."

○ 재아는 공자의 제자이다. '사社'는 원래 토신으로, 여기서 애공이 물었다는 '사'는 토신의 위패를 가리킨다. 옛날 국가에 전쟁이 발생해서 이동을 해야 할 상황이 생기면 반드시 이 나무 위패를 가지고 가야 했다고 한다. 재아는 밤나무 '률栗'이 '벌벌 떤다'는 '전률戰栗'에 쓰이는 글자여서 벌벌 떨게 한다는 의미가 있다고 해설한 것이다. 이에 대해 공자는 옛날 일에 대해 지금 입장에서 근거 없이 해석하면 안 된다고 한 것이다.

哀公問社於宰我. 宰我對曰: "夏后氏以松, 殷人以柏, 周人以栗, 曰,
애공문사어재아 재아대왈 하후씨이송 은인이백 주인이률 왈

使民戰栗." 子聞之, 曰: "成事不說, 遂事不諫, 既往不咎."
사민전률 자문지 왈 성사불설 수사불간 기왕불구

선생께서 말씀하셨다.

"관중은 그릇이 작았구나."

혹자가 물었다.

"관중은 검소했습니까?"

"관중은 삼귀三歸를 가졌고, 관직을 겸직시키지 않았으니, 어찌 검소하다고 하겠습니까?"

"그렇다면 관중은 예를 알았습니까?"

"나라의 군주가 가림벽을 세우자 관중 역시 가림벽을 세웠습니다. 나라의 군주가 두 나라 군주의 우호를 위하여 반점反坫을 설치하자 관중 역시 반점을 설치했습니다. 관중이 예를 안다면 누구인들 예를 모르겠습니까?"

○ 관중은 춘추시대 제나라 사람으로, 제나라 환공 때 재상을 지내면서, 환공이 제후를 제패하게 했다.

'삼귀三歸'에 대해서는 설이 많다. 군주를 따라서 세 여인을 취했다는 설도 있고, 세 곳에 저택이 있었다는 설도 있고, 지명이라는 설도 있고, 재물을 보관하는 창고라는 설도 있고, 공을 세워 포상을 받고도 게다가 조세를 세 배 더 거두어 가졌다는 설도 있다.

관직을 겸직시키지 않았다는 것은 유사한 업무는 겸직하게 하여 관직이 지나치게 많지 않게 해야 하는데 그러지 않았다는 말이다.

반점은 기물을 진열하기 위해 복도 양쪽에 흙으로 설치한 시

설을 말한다. 관중은 아무리 큰 공을 세웠어도 신하에 불과한
데 군주와 똑같은 생활을 누리려고 하였으니 검소와는 거리가
멀다고 말한 것이다.

子曰:"管仲之器小哉!"
자왈 관중지기소재

或曰:"管仲儉乎?" 曰:"管氏有三歸, 官事不攝, 焉得儉?"
혹왈 관중검호   왈 관씨유삼귀 관사불섭 언득검

"然則管仲知禮乎?" 曰:"邦君樹塞門, 管氏亦樹塞門. 邦君爲兩君之好,
연즉관중지례호   왈 방군수색문 관씨역수색문 방군위양군지호

有反坫, 管氏亦有反坫. 管氏而知禮, 孰不知禮?"
유반점 관씨역유반점 관씨이지례 숙부지례

14

선생께서 노나라 태사에게 음악에 대해 말씀하셨다.

"음악이란 무엇인지 알 수 있을 듯합니다. 연주가 시작될 때는 훨훨 나는 듯하고, 중간으로 접어들면 순순히 조화를 이루고, 교교하게 맑고, 줄줄이 끊이지 않고, 이리하여 음악이 완성됩니다."

○ 예는 절도를 세우기 위한 것이고, 악은 조화를 이루기 위한 것이다.

子語魯大師樂, 曰: "樂其可知也: 始作, 翕如也 從之, 純如也, 皦如也, 繹如也,
자어노태사악 왈 악기가지야 시작 흡여야 종지 순여야 교여야 역여야

以成."
이성

선생께서 말씀하셨다.

"윗자리에 있으면서 관대하지 않고, 예를 행하면서 경건하지 않고, 상가에 갔으되 슬퍼하지 않는 것을 내가 어찌 두고 볼 수 있겠는가!"

○ 윗자리에 있는 자는 관대해야 하고, 예를 행할 때는 경건해야 하고, 상가에 갔으면 슬퍼해야 한다는 말이다.

子曰:"居上不寬, 爲禮不敬, 臨喪不哀, 吾何以觀之哉?"
자왈 거상불관 위례불경 임상불애 오하이관지재

제4편

이인
(里仁)

선생께서 말씀하셨다.

"사는 곳에 어진 덕이 있으면 훌륭한 것이다. 어진 덕이 있는 곳을 선택하여 살지 않는다면 어찌 지혜롭다 하겠는가?"

○ 작은 마을일지라도 풍속이 어질고 인심이 후하면 아름답다. 어진 덕이 넘치는 마을은 좋다는 뜻이다. 그런 마을을 골라서 사는 것이 지혜롭다는 말이다.

子曰:"里仁爲美. 擇不處仁, 焉得知?"
자왈 이인위미 택불처인 언득지

선생께서 말씀하셨다.

"어질지 않은 사람은 곤궁한 처지에 오래 있지 못하고, 즐거운 상황에도 오래 있지 못한다. 어진 사람은 인을 편안하게 생각하고, 지혜로운 사람은 인을 이롭다고 생각한다."

○ 어질지 못한 사람은 곤궁한 상황을 오래 견디지 못하고, 또한 즐거운 일이 있어도 오랫동안 즐거워 할 줄 모른다. 어진 사람은 인을 실행하면 마음이 편안하고 인을 실행하지 않으면 마음이 편안하지 않으며, 지혜로운 사람은 인을 실행하면 장차 자기에게 좋은 일이 생길 것은 알고 실행한다. 그래서 이롭게 생각한다는 것이다.

子曰:"不仁者, 不可以久處約, 不可以長處樂, 仁者安仁, 知者利仁."
자왈 불인자 불가이구처약 불가이장처락 인자안인 지자리인

03

선생께서 말씀하셨다. "오직 어진 사람만이 사람을 좋아할 수 있고, 사람을 미워할 수 있다."

○ 어진 사람은 중용의 도를 따라 사람을 좋아하고 싫어하기 때문이다.

子曰: "惟仁者, 能好人, 能惡人."
자왈 유인자 능호인 능오인

04

선생께서 말씀하셨다. "진정으로 인의 실천에 뜻을 둔다면 나쁠 것이 없다."

처음 읽는 논어

○ 인을 실천하는 것에 뜻을 두었는데, 어찌 나쁜 일이 있겠는가!

子曰: "苟志於仁矣, 無惡也."
자왈 구지어인의 무악야

선생께서 말씀하셨다.

"많은 돈을 벌고 높은 자리에 오르는 것은 사람이 누구나 소망하는 것이지만 정당한 방법으로 얻게 되지 않으면 받아들이지 않는다. 가난하고 천한 것은 사람이 누구나 싫어하는 것이지만 정당한 방법으로 벗어나게 되지 않으면 받아들이지 않는다. 군자가 인을 버리고 어찌 이름을 이루겠는가? 군자는 한 끼 식사를 마치는 사이에도 인을 떠나지 않는다. 창졸지간에도 반드시 인과 함께하고, 넘어지고 엎어지는 사이에도 반드시 인과 함께한다."

○ 부귀를 소망하고 빈천을 싫어하는 것은 인지상정이다. 그러나 정당하지 않은 방법으로 부귀를 얻는 것도 할 수 없고, 정당하지 않은 방법으로 빈천을 벗어나는 것도 할 수 없다는 말이다. 군자는 어떤 순간에도 인과 함께해야 한다는 말이다.

子曰:"富與貴, 是人之所欲也 不以其道得之, 不處也. 貧與賤, 是人之所惡也
자왈 부여귀 시인지소욕야 불이기도득지 불처야 빈여천 시인지소오야

不以其道得之, 不去也. 君子去仁, 惡乎成名? 君子無終食之間違仁,
불이기도득지 불거야 군자거인 오호성명 군자무종식지간위인

造次必於是, 顚沛必於是."
조차필어시 전패필어시

선생께서 말씀하셨다.

"인을 좋아하는 사람과 불인을 싫어하는 사람을 나는 아직 보지 못했다. 인을 좋아하는 사람은 더 이상 좋을 수 없다. 불인을 싫어하는 사람이 인을 실천하는 것은 불인한 것이 자기에게 더해지지 않게 하는 것일 따름이다. 하루라도 모든 힘을 인에 쓸 수 있는 사람이 누가 있을까? 힘이 부족한 사람을 나는 아직 보지 못했다. 아마 있겠지만, 나는 아직 보지 못했다."

○ 인이 구현되지 않는 것은 사람들이 인을 실천할 힘이 없기 때문이 아니라 인의 실천에 전념하는 사람이 없기 때문이라는 말이다.

처음 읽는 논어

子曰:"我未見好仁者, 惡不仁者. 好仁者, 無以尚之 惡不仁者, 其爲仁矣,
자왈 아미견호인자 오불인자 호인자 무이상지 오불인자 기위인의

不使不仁者加乎其身. 有能一日用其力於仁矣乎? 我未見力不足者.
불사불인자가호기신 유능일일용기력어인의호 아미견력부족자

蓋有之矣, 我未之見也."
개유지의 아미지견야

선생께서 말씀하셨다.

"사람의 과오는 각각 그 연유로부터 나온다. 과오를 살피면 그 사람을 알 수 있다."

○ 원문의 '인仁'을 여기서는 '인人'으로 풀었다. 사람은 누구나 과오가 있게 마련이다. 어떤 과오가 있으면 그 과오가 있게 된 이유가 있다. 따라서 과오를 살피면 그 사람이 어떤 사람인지 알 수 있다는 말이다.

子曰:"人之過也, 各於其黨. 觀過, 斯知仁矣."
자왈 인지과야 각어기당 관과 사지인의

선생께서 말씀하셨다.

"사람이 진리를 추구하는 것에 뜻을 둔다면서 떨어진 옷을 입는 것과 거친 음식 먹는 것을 부끄러워하면, 그런 사람과는 더 이상 이야기할 것이 없다."

○ 진리를 추구한다면서 입을 것과 먹을 것이 형편없는 것을 부끄러워한다면, 진리를 추구한다는 것은 이미 가식이기 때문이다.

子曰: "士志於道, 而恥惡衣惡食者, 未足與議也."
자왈 사지어도 이치악의악식자 미족여의야

선생께서 말씀하셨다.

"군자는 천하의 일에서 반드시 어때야 한다고 정해놓은 것도 없고, 절대 어떠해야 한다고 정해놓은 것도 없다. 의義가 있는 것과 함께할 뿐이다."

○ 군자는 세상일을 판단하고 세상일에 대처할 때 절대적으로 어떻게 해야 하고 어떻게 하면 안 된다고 못을 박아두지 않고 융통과 변통을 할 줄 안다는 말이다.

子曰:"君子之於天下也, 無適也, 無莫也, 義之與比."
자왈 군자지어천하야 무적야 무막야 의지여비

10

선생께서 말씀하셨다.

"군자는 덕을 마음에 품고, 소인은 땅을 마음에 품는다. 군자는 법률을 마음에 품고, 소인은 은혜를 마음에 품는다."

○ 군자는 어떻게 하면 덕을 얻을까 생각하고, 소인은 어떻게 하면 땅을 가질까 생각하고, 군자는 법률을 지킬 것을 생각하고, 소인은 혜택을 받을 것만 생각한다는 말이다.

子曰: "君子懷德, 小人懷土, 君子懷刑, 小人懷惠."
자왈 군자회덕 소인회토 군자회형 소인회혜

11

선생께서 말씀하셨다.

"이익만 끝없이 추구하면 원한을 많이 산다."

○ 원문에서 '방放'은 '아무 제약 없이, 거리낄 것 없이 추구한다'는 말이다. 이익만 추구하면 자기만 위하게 될 것이며, 결국 원한을 사게 된다는 말이다. 사람이 끝없이 추구해야 하는 것은 인의라고 얘기했다.

子曰: "放於利而行, 多怨."
자왈 방어리이행 다원

선생께서 말씀하셨다.

"예의와 겸양으로 나라를 다스릴 수 있는가? 무슨 어려움이 있겠는가? 예의와 겸양으로 나라를 다스릴 수 없다면 형식적 의례는 무슨 소용인가?"

○ 원문의 '하유何有'는 '하난지유何難之有'의 준말이다. '무슨 어려움이 있겠는가?'라는 뜻이다. 마지막 말 '여례하如禮何'에서 '예禮'는 형식적으로 정한 의례나 절차를 말한다.

예의 근본 의의는 예의와 겸양으로 사회를 이끄는 것에 있는데, 예의와 겸양으로 사회를 이끌지 못하면서 형식적 의례나 절차만 규정해놓는 것은 아무 의미가 없다는 말이다.

子曰: "能以禮讓爲國乎? 何有? 不能以禮讓爲國, 如禮何?"
자왈 능이예양위국호 하유 불능이예양위국 여례하

선생께서 말씀하셨다.

"직위가 없는 것을 걱정하지 말고, 직위에 오를 능력이 있는지 걱정하라. 자기를 알아주는 사람이 없는 것을 걱정하지 말고, 남들이 알아줄 자기의 능력을 쌓아라."

○ 높은 자리 오르는 걸 누가 싫어하겠는가! 오르지 못하였다면 올라간 사람을 질투하거나 오르지 못한 자신을 한탄하지 말고 자신이 거기에 오를 능력을 갖추었는지 먼저 점검하라는 말이다.

남들이 자신을 알아주고 환영하는 것을 누가 싫어하겠는가! 남들이 자기를 알아주고 환영하지 않는다면 자신을 한탄만 하지 말고 남들이 알아주고 환영해줄 점이 자신에게 있는지 점검하라는 말이다.

子曰:"不患無位, 患所以立. 不患莫己知, 求爲可知也."
자왈 불환무위 환소이립 불환막기지 구위가지야

선생께서 말씀하셨다. "삼아, 나의 도는 하나로써 꿰뚫는다."

증자가 말했다. "예."

선생께서 나가자 문인이 증자에게 물었다.

"무슨 말씀이신가요?"

증자가 말했다.

"선생님의 도는 충서忠恕일 뿐입니다."

○ 공자는 증자에게 "나의 도는 하나로써 꿰뚫을 수 있다"고 말했고, 이 말의 뜻을 물은 다른 제자에게 증자는 "선생님의 도는 충서일 뿐"이라고 설명한 것이다.

공자 자신이 충서가 무엇인지 설명한 적이 있다. 자기가 무엇을 이루고 싶으면 먼저 다른 사람이 이루게 해주는 것이 '충忠'이고, 자기가 원하지 않으면 다른 사람에게도 시키지 않는 것이 '서恕'라고 했다.

子曰: "參乎! 吾道一以貫之." 曾子曰: "唯." 子出, 門人問曰: "何謂也?" 曾子曰:
자왈 삼호 오도일이관지 증자왈 유 자출 문인문왈 하위야 증자왈

"夫子之道, 忠恕而已矣."
부자지도 충서이이의

15

선생께서 말씀하셨다. "군자는 의리에 밝고, 소인은 이익에 밝다.

○ 군자는 정의를 표준으로 매사를 이해하고, 소인은 이익을 표준으로 매사를 이해한다.

子曰: "君子喻於義, 小人喻於利."
자왈 군자유어의 소인유어리

16

선생께서 말씀하셨다. "어진 사람을 보면 그렇게 되고 싶어 하고, 어질지 않은 사람을 보면 스스로를 돌아본다."

○ 덕이 있는 사람을 보면 그와 똑같이 되려고 하고, 덕이 없는 사람을 보면 자신을 돌아봐야 한다는 말이다.

子曰: "見賢思齊焉, 見不賢而內自省也."
자왈 견현사제언 견불현이내자성야

17

선생께서 말씀하셨다.

"부모를 모실 때는 완곡하게 지적하고, 자기 뜻이 받아들여지지 않더라도 여전히 공경해야지 핍박해서는 안 되며, 걱정은 하지만 원한을 품지는 않는다."

○ 부모에게 잘못이 있는 경우를 말하는 것이다. 너무 강경하게 지적하지 않고 완곡하게 말해주며, 자기의 지적이 받아들여지지 않더라도 공경하는 마음은 변함없어야 하며, 원망하는 마음을 품으면 안 된다는 말이다.

子曰:"事父母幾諫, 見志不從, 又敬不違, 勞而不怨."
자왈 사부모기간 견지부종 우경불위 로이불원

18

선생께서 말씀하셨다.

"부모가 생존해 계시면, 멀리 놀러 가지 않으며, 멀리 놀러 가면 반드시 가는 곳이 정해져 있어야 한다."

○ 자식은 부모의 슬하에 있는 마음으로 모셔야 한다. 부모가 살아 계시면 멀리 다니지 않고, 꼭 나갈 일이 있으면 가 있는 곳을 미리 알려두어야 한다.

子曰:"父母在, 不遊遠, 遊必有方."
자왈 부모재 불유원 유필유방

19

선생께서 말씀하셨다.

"옛날에는 말을 함부로 하지 않았다. 자신의 행실이 따라가지 못할까 봐 부끄러워해서였다."

○ 옛날 사람들은 말을 경솔히 하지 않았다. 언행일치言行一致를 중요하게 여겼기 때문이다.

子曰:"古者, 言之不出, 恥躬之不逮也."
자왈 고자 언지불출 치궁지불체야

20

선생께서 말씀하셨다.

"절제했기 때문에 과오가 되는 경우는 드물다."

○ '약(約)'은 '절제하다, 단속하다'의 뜻이다.

子曰: "以約失之者鮮矣."
자왈 이약실지자선의

21

선생께서 말씀하셨다.

"군자는 말에서는 어눌하려고 하고 실행에는 민첩하려고 한다."

○ 군자는 말은 더디더라도 행동은 민첩해야 한다고 했다.

子曰: "君子, 欲訥於言而敏於行."
자왈 군자 욕눌어언이민어행

22

자유가 말했다.

"지나치게 번쇄하게 군주를 대하면 욕을 당하게 된다. 지나치게 번쇄하게 친구를 대하면 소원해진다."

○ 신하는 군주를 바른 길로 인도하는 것이 도리라고 하여 지나치게 번쇄하게 하면 오히려 욕을 당하게 된다는 말이다. 친구 관계에도 마찬가지이다.

'數'는 뜻에 따라 발음이 다르다. '자주, 누차' 등으로 쓰이면 '삭'으로 발음하고, '촘촘하다, 빽빽하다' 등으로 쓰이면 '촉'으로 발음한다.

子游曰: "事君數, 斯辱矣 朋友數, 斯疏矣."
자유왈 사군삭 사욕의 붕우삭 사소의

제5편

공야장
(公冶長)

선생께서 남용에 대하여 "나라에 도가 있을 때는 추방되지 않고 등용되고, 나라에 도가 없을 때도 형벌을 당하는 처지에서 벗어나는구나"라고 말씀하시고는 형의 딸을 시집보내셨다.

○ 남용은 공자의 제자 남궁괄南宮适이다. 나라에 도가 있으면 그에 대한 평가가 제대로 되어 충분히 벼슬할 만한 사람이고, 나라에 도가 없어서 형벌이 만연해도 그만은 형벌을 면할 수 있을 만큼 훌륭한 인물로 보았기 때문에 공자는 형의 딸을 시집보낸 것이다.

子謂南容, "邦有道, 不廢 邦無道, 免於刑戮." 以其兄之子妻之.
자위남용 방유도 불폐 방무도 면어형륙 이기형지자처지

02

선생께서 자천에 대해 다음과 같이 말씀하셨다.

"군자로구나, 이 사람! 노나라에 군자가 없다면 이 사람은 어디에서 이런 덕을 취하였겠는가!"

○ 자천은 성이 복宓, 이름이 불제不齊, 자가 자천으로, 공자의 제자이다. 공자는 자천이야말로 훌륭한 도덕가라고 칭찬하고, 노나라에서 이런 사람이 나오게 된 것은 노나라에 도덕군자가 많았기 때문이라고 말한 것이다.

子謂子賤, "君子哉, 若人! 魯無君子者, 斯焉取斯?"
자위자천 군자재 약인 노무군자자 사언취사

자공이 물었다. "저는 어떻습니까?"

선생께서 말씀하셨다.

"너는 그릇이다."

"무슨 그릇입니까?"

"호련瑚璉이다."

○ 사는 자공의 이름이다. 자공은 공자가 자신을 어떻게 보는
지 물었다. 이에 공자는 자공이 그릇이라고 대답했다. 자공은
그릇이라면 어떤 그릇이냐고 다시 물었다.

호련은 종묘에서 기장과 피를 담는 그릇으로, 옥으로 만든 제
기祭器이다. 그릇 중에서도 종묘의 제기라고 하였으니, 자공은
그만큼 중요한 그릇이라는 뜻이다.

子貢問曰: "賜也何如?" 子曰: "女, 器也." 曰: "何器也?" 曰: "瑚璉也."
자공문왈 사야하여 자왈 여 기야 왈 하기야 왈 호련야

혹자가 말했다.

"옹은 어질지만 말주변이 없습니다."

선생께서 말씀하셨다.

"어찌 말주변이 필요한가? 술술 나오는 말주변으로 남의 말을 막으면 남에게 자주 미움만 받을 따름이다. 그가 어진지는 모르지만, 어찌 말주변이 필요한가?"

○ 옹은 공자의 제자로, 성이 염冉이고, 이름이 옹이며, 자는 중궁仲弓이다. 말주변보다는 성품이 어진 것이 중요하다는 말이다. 옹이 말을 잘할 줄 모른다고 평하자, 이에 대해 공자는 말이나 잘하면 무엇하겠는가, 말로만 나불대고 사람들과 사귀게 되면 도리어 미움을 받게 되니 옹의 성품이 어떤지 모르지만 말주변은 필요 없다고 말한 것이다.

或曰: "雍也仁而不佞." 子曰: "焉用佞? 禦人以口給, 屢憎於人. 不知其仁,
혹왈 옹야인이불녕 자왈 언용녕 어인이구급 누증어인 부지기인

焉用佞?"
언용녕

05

선생께서 칠조개에게 벼슬을 하라고 권하시자, 칠조개가 대답했
다. "저는 벼슬하는 것에 아직 자신이 없습니다."
선생께서 기뻐하셨다.

○ 칠조개漆雕開는 공자의 제자로, 칠조가 성이고 이름은 개이
며, 자는 자개子開이다. 공자가 칠조개에게 벼슬을 하라고 하
자, 칠조개는 벼슬을 하려면 학문과 덕행을 충분히 갖추어야
하고 책임감이 있어야 하는데 아직 자신이 없다며 사양한 것
이다. 벼슬자리라면 누구나 무조건 차지하고 보자고 할 텐데
칠조개는 자기 스스로를 알고 사양했으므로, 공자가 기뻐한
것이다.

처음 읽는 논어

子使漆雕開仕. 對曰: "吾斯之未能信." 子說.
자사칠조개사 대왈 오사지미능신 자열

06

선생께서 말씀하셨다.

"도가 행해지지 않으면 뗏목 타고 바다로 나갈까 한다. 나를 따를 사람은 유由일 것이다." 자로가 이 말을 듣고 매우 기뻐했다. 선생께서 말씀하셨다. "유야, 너는 용기를 좋아하는 것이 나보다 지나쳐서, 취할 만한 것이 없다."

○ 공자는 세상이 혼란하고 자기의 이상을 펼칠 수 없으면 차라리 뗏목을 타고 바다로 나가겠다고 했다. 그럴 경우 끝까지 따라올 제자는 중유, 즉 자로밖에 없다는 것이다. 이 말을 들은 자로는 자기를 칭찬한 줄로 알고 매우 기뻐했다. 이에 공자는 자로가 너무 기뻐서 우쭐대지 않게 하기 위해 단점을 말해준 것이다.

子曰: "道不行, 乘桴浮于海. 從我者, 其由與?" 子路聞之喜. 子曰:
자왈 도불행 승부부우해 종아자 기유여   자로문지희 자왈

"由也好勇過我, 無所取材."
유야호용과아 무소취재

07

선생께서 자공에게 말씀하셨다.

"너와 안회 중 누가 나은가?"

자공이 대답했다.

"제가 어찌 감히 안회를 따라가기를 바라겠습니까? 안회는 하나를 들으면 열을 압니다. 저는 하나를 들으면 둘을 압니다."

선생께서 말씀하셨다.

"그만 못하지. 네가 그만 못한 것을 나는 인정한다."

○ 자공처럼 하나를 들으면 둘을 아는 것도 보통은 아니다. 그러한 자공도 따라가지 못한다고 인정한 사람이 안회이다.

처음 읽는 논어

子謂子貢曰: "女與回也, 孰愈?" 對曰: "賜也何敢望回? 回也聞一以知十,
자위자공왈 여여회야 숙유 대왈 사야하감망회 회야문일이지십

賜也聞一以知二." 子曰: "弗如也 吾與女弗如也."
사야문일이지이 자왈 불여야 오여여불여야

08

선생께서 말씀하셨다.

"나는 굳센 사람을 아직 보지 못했다."

혹자가 대답했다. "신정이 있습니다."

선생께서 말씀하셨다.

"신정은 욕망이 많으니, 어찌 굳세다고 할 수 있겠는가?"

○《사기史記·중니제자열전仲尼弟子列傳》에서 공자의 제자 중 신당申黨이 있다고 했는데, '당黨'과 '정棖'의 옛날 음이 비슷해서, 신정은 신당일 것이라는 설이 있다.

子曰: "吾未見剛者." 或對曰: "申棖." 子曰: "棖也慾, 焉得剛?"
자왈 오미견강자 혹대왈 신정 자왈 정야욕 언득강

09

자공이 말했다.

"저는 다른 사람이 저에게 모욕을 주는 것도 싫고, 저도 다른 사람에게 모욕을 주지 않으려고 합니다."

선생께서 말씀하셨다.

"사야, 네가 할 수 있는 게 아니다."

○ 자공이 말로는 쉽게 하였지만 그렇게 쉽게 할 수 있는 게 아니어서 공자는 그가 도달할 수 없는 경지라고 말한 것이다.

처음 읽는 논어

子貢曰: "我不欲人之加諸我也, 吾亦欲無加諸人." 子曰: "賜也, 非爾所及也."
자공왈 아불욕인지가저아야 오역욕무가저인 자왈 사야 비이소급야

10

자공이 물었다.

"공문자孔文子는 왜 시호를 '문文'이라고 했습니까?"

선생께서 말씀하셨다.

"명민하고 배우기를 좋아하고, 아랫사람에게 묻는 것을 부끄러워하지 않았다. 그래서 시호를 '문文'이라고 했다."

○ 공문자는 위衛나라의 대부였다. 근면하고 학식이 높으면 문文이란 시호를 주는 것이 통례였다.

子貢問曰: "孔文子, 何以謂之文也?" 子曰: "敏而好學, 不恥下問,
자공문왈 공문자 하이위지문야   자왈 민이호학 불치하문

是以謂之文也."
시이위지문야

11

선생께서 자산에 대해서 말씀하셨다.

"그는 군자의 도 네 가지를 갖추었다. 자신의 태도가 공손하고, 윗사람 모시는 것이 경건하고, 백성을 돌보는 것이 은혜롭고, 백성을 시키는 것이 도의에 맞는다."

○ 자산子産은 공손교公孫僑로, 자가 자산이다. 정목공鄭穆公의 손자이다. 춘추시대 정나라의 재상으로, 정간공鄭簡公, 정정공鄭定公 때 22년 동안 정치를 맡았다.

그때 진晉나라에서는 도공悼公, 평공平公, 소공昭公, 경공頃公, 정공定公 때에 해당되고, 초楚나라에서는 공왕共王, 강왕康王, 겹오郟敖, 영왕靈王, 평왕平王 때에 해당된다. 두 나라가 패권을 다투어 전쟁이 끊이지 않았던 때이다. 정나라가 두 강대국 사이에서 외교를 잘하여 안전을 누릴 수 있었다.

子謂子產, "有君子之道四焉: 其行己也恭, 其事上也敬, 其養民也惠,
자위자산   유군자지도사언 기행기야공 기사상야경 기양민야혜

其使民也義."
기사민야의

12

계문자는 세 번 생각한 다음에 행동에 옮겼다.

선생께서 이 말을 듣고 말씀하셨다.

"두 번 생각하면 된다."

○ 계문자는 성이 계손季孫으로 이름은 행보行父, 노나라의 대부였다. 노나라의 대부 계문자는 어느 한 가지 일을 처리할 때 세 번씩이나 생각하고 난 다음에 실천에 옮겼다. 공자가 이 이야기를 듣고 그렇게 세 번씩이나 생각할 필요는 없으며, 두 번이면 족하다고 한 것이다.

季文子三思後行, 子聞之, 曰: "再, 斯可矣."
계문자삼사후행 자문지 왈 재 사가의

13

선생께서 말씀하셨다.

"영무자는 나라가 태평하면 지혜로웠고, 나라가 혼란하면 어리석은 척했다. 그가 지혜로웠던 것은 따라 할 수 있지만, 그가 어리석은 척했던 것은 따라 할 수 없다."

○ 영무자는 위衛나라 대부이다. 영무자는 태평한 때에는 세상에 등용되기 위해 자기의 총명함을 드러냈고, 혼란한 때에는 세상에 등용되지 않기 위해 어리석은 척했다는 말이다.

처음 읽는 논어

子曰:"甯武子, 邦有道, 則知 邦無道, 則愚. 其知可及也, 其愚不可及也."
자왈 영무자 방유도 즉지 방무도 즉우 기지가급야 기우불가급야 선생께서 말씀하셨다.

"미생고가 정직하다고 누가 말했나? 어떤 사람이 식초를 얻으러 찾아갔더니, 이웃집에서 얻어다 주었다던데."

○ 미생고微生高는 《장자莊子》·《전국책戰國策》 등에 나오는 미생고尾生高라고 보는 설이 많다. 미생고는 신의를 지키는 것에 지나치게 집착하여 어떤 여자와 다리 밑에서 만나기로 했는데, 여자는 오지 않고 물은 차오르는데도 불구하고 그 자리에 그대로 있으며 여자가 오기를 기다리다가 물에 잠겨 죽었다고 한다. 식초를 빌리러 왔을 때, 자기 집에 없으면 없다고 하면 되건만, 자기 집에 있는 척하면서 옆집에 가서 빌려다 주는 것은 정직과 거리가 멀다는 말이다.

子曰:"孰謂微生高直? 或乞醯焉, 乞諸其鄰而與之."
자왈 숙위미생고직 혹걸혜언 걸저기린이여지

15

선생께서 말씀하셨다.

"열 가구가 사는 마을에서 나처럼 정성되고 믿음 있는 사람은 반드시 있겠지만, 배우기를 좋아하는 것은 나를 따라오지 못하리라."

○ '충신忠信', 즉 정성되고 믿음이 있는 것도 훌륭한 덕목이며 아무리 작은 마을이라도 그런 사람은 있다. 인격의 완성을 향해서 정진하는 것이 사람의 일이며, 이를 위해서는 무엇보다 끊임없이 배움을 추구해야 한다. 공자가 보기에 자기만큼 배움을 좋아하는 사람을 보지 못했다는 것이다. 공자가 만세의 사표로 자리 잡은 것은 배움을 좋아했기 때문이다.

처음 읽는 논어

子曰:"十室之邑, 必有忠信如丘者焉, 不如丘之好學也."
자왈 십실지읍 필유충신여구자언 불여구지호학야

제6편

옹야
(雍也)

선생께서 말씀하셨다.

"옹雍은 남쪽을 향하여 자리하는 왕이 되게 할 만하겠구나."

○ 옹雍은 제자 염옹冉雍으로, 자는 중궁仲弓이다. 조회할 때 왕
은 북쪽에 자리하여 남쪽을 향하여 신하를 대면했고, 신하는
남쪽에 자리하여 북쪽을 향하여 왕을 배알했다. 그래서 왕이
되는 것을 남면南面이라 하고, 신하가 되는 것을 북면北面이라
했다. 중궁은 공자 문하에서 덕행이 뛰어난 제자로 알려졌다.
따라서 공자는 중궁과 같은 덕행을 쌓았다면 왕이 되어 나라
를 다스리는 것도 훌륭히 할 수 있으리라 칭찬한 것이다.

子曰：“雍也, 可使南面.”
자왈 옹야 가사남면

애공이 물었다. "제자 중 누가 배우는 것을 좋아한다고 할 수 있습니까?" 선생께서 대답하셨다. "안회라는 제자가 있었습니다. 배우는 것을 좋아했고, 화가 나도 남에게 감정을 옮기지 않았고, 한 번 잘못한 것을 반복한 적이 없었습니다. 불행하게도 명이 짧아 일찍 죽어서, 지금은 없습니다. 그 외에는 누가 배우는 것을 좋아한다는 말을 아직 듣지 못했습니다."

○ 안회는 41세에 죽었다고 한다. 안회는 공자가 가장 아꼈던 제자로, 안회가 죽은 이후에는 배우는 것을 좋아하는 제자가 없다고 극단적으로 표현하였다. 안회의 죽음을 안타까워하고 애통해 한 공자의 심정을 역력히 보여 준다.

안회의 인품과 덕망을 알 수 있는 대표적인 것이 공자의 이 말이다. 공자는 안회가 배우는 것을 좋아했고, 화가 나도 다른 사람에게 감정을 옮기지 않았고, 잘못을 반복하는 일이 없었다고 술회했다. 쉬운 듯하면서 결코 쉽지 않은 생활 태도와 인생 자세이다.

103

哀公問: "弟子孰爲好學?" 孔子對曰: "有顔回者, 好學, 不遷怒, 不貳過,
애공문 제자숙위호학 공자대왈 유안회자 호학 불천노 불이과

不幸短命死矣, 今也則亡, 未聞好學者也."
불행단명사의 금야즉무 미문호학자야

원사가 가신이 되어서 곡식 900석을 주셨는데 원사는 사양했다.
선생께서 말씀하셨다.

"사양하지 마라, 갖다가 마을의 이웃에 나눠주어라."

○ 원사는 원헌原憲이다. 공자의 제자 중 청빈한 인품의 대표
자다. 공자가 노魯나라에서 사구司寇라는 직책에 임용되어 채
읍을 받게 되어, 원사를 가신으로 임용하여 채읍을 관리하게
했다. 숫자 900 다음에 도량형을 밝히지 않아서 정확한 양을
알 수 없지만, 아주 많은 양으로 보인다. 공자는 원사에게 봉록
을 아주 많이 준 것이다. 청빈한 인품의 원사는 자신의 일에 비
해 봉록이 너무 많다고 생각하여 사양했다. 이에 대해 공자는
마땅히 주어야 할 만큼의 봉록을 주는 것이므로 사양하지 말
것이며, 그래도 너무 많다고 생각된다면 받아다가 마을의 어
려운 사람들에게 나눠주라고 한 것이다.

공자는 자화가 제나라에 심부름 갈 때 자화의 부모에게 주는
부양비는 적게 주려고 하고, 원사가 읍재를 맡게 되었을 때 주
는 봉록은 많이 주려 했다. 처지와 상황에 따라 재물의 운용을
달리 해야 함을 보여준 것이다.

原思爲之宰, 與之粟九百, 辭. 子曰: "毋, 以與爾隣里鄕黨乎."
원사위지재 여지속구백 사 자왈 무 이여이인리향당호

선생께서 말씀하셨다.

"회는 그 마음이 석 달 동안 인仁을 떠난 적이 없었고, 그 외 사람들은 하루, 또는 한 달 중 어쩌다 한 번 인에 도달할 뿐이었다."

○ 인仁은 공자가 추구했던 지상의 덕목이자 목표였다. 《논어》의 여러 곳에서 공자가 장소와 사람에 따라 다르게 인에 대해 설명한 것을 볼 수 있다. 인은 한 마디로 설명할 수 없거니와, 저마다 사람으로서의 가치를 최대한 실현하는 것이 바로 인이기 때문이다.

인을 체득하고 실현하는 것은 어려우면서도 쉽고 쉬우면서도 어려운 것이다. 남다른 덕망과 인품을 지녀서 공자가 가장 사랑했던 제자 안회도 겨우 석 달 동안 인에서 어긋난 적이 없었다는 것을 보면, 인을 체득하고 실현하는 것은 결코 쉽지 않음을 알 수 있다.

子曰:"回也, 其心三月不違仁, 其餘則日月至焉而已矣."
자왈 회야 기심삼월불위인 기여즉일월지언이이의

계강자가 물었다.

"중유를 정치에 참여시킬 만합니까?"

선생께서 말씀하셨다.

"유는 과감하여 맺고 끊는 것이 분명합니다. 정치에 참여하는 데 무슨 어려움이 있겠습니까?"

계강자가 물었다.

"사를 정치에 참여시킬 만합니까?"

선생께서 말씀하셨다.

"사는 사리에 통달합니다. 정치에 참여하는 데 무슨 어려움이 있겠습니까?"

계강자가 물었다.

"구는 정치에 참여시킬 만합니까?"

선생께서 말씀하셨다.

"구는 다재다능합니다. 정치에 참여하는 데 무슨 어려움이 있겠습니까?"

○ 중유는 공자의 제자 자로子路이다. '하유何有'는 '하난지유何難之有' 즉 '무슨 어려움이 있겠는가?'의 준말이다. 중유, 즉 자로는 공자의 제자 중 용기가 뛰어난 인물로 손꼽힌다. 계강자의 질문에 공자는 중유가 지닌 장점, 즉 용기를 좋아하여 과감하고 맺고 끊는 결단성이 있는 것은 정치하는 데 중요한 덕목임을 강조했다. 사賜는 단목사端木賜, 즉 자공子貢이다. 공자는

자공의 장점을 말하여, 정치하는 데 사리에 통달해야 할 필요성을 강조했다. 염구의 다재다능한 장점 역시 정치에 필수적인 요소이다.

결국 공자는 계강자의 질문에 대답하면서 자로의 과감함과 결단성, 자공의 통찰력, 염구의 다재다능함 등 정치하는 사람에게 필요한 몇 가지 자질을 제시한 것이다.

季康子問: "仲由可使從政也與?" 子曰: "由也, 果, 於從政乎, 何有?"
계강자문 중유가사종정야여   자왈 유야 과 어종정호 하유

曰: "賜也, 可使從政也與?" 曰: "賜也, 達, 於從政乎, 何有?"
왈 사야 가사종정야여   왈 사야 달 어종정호 하유

曰: "求也, 可使從政也與?" 曰: "求也, 藝, 於從政乎, 何有?"
왈 구야 가사종정야여   왈 구야 예 어종정호 하유

06

선생께서 말씀하셨다.

"훌륭하구나, 안회야! 대그릇에 담긴 밥 한 그릇 먹고 물 한 표주박 떠 마시며 누추한 마을에서 산다면, 사람들은 그 근심과 고통을 견뎌내지 못할 텐데, 안회는 그 즐거운 마음이 변하지 않으니, 훌륭하구나, 안회야!"

○ 안회의 인품을 칭찬한 것으로, 만고에 교훈을 주는 유명한 말이다. 안회의 즐거움은 도를 알고 행하는 데 있으며, 먹을 것 마실 것이 변변치 못한 것은 아무 문제가 되지 않았다는 말이다.

처음 읽는 논어

子曰: "賢哉, 回也, 一簞食, 一瓢飲, 在陋巷, 人不堪其憂, 回也, 不改其憂, 賢哉,
자왈 현재 회야 일단사 일표음 재누항 인불감기우 회야 불개기락 현재
回也."
회야

염구가 말했다.

"선생의 도를 좋아하지 않는 것은 아니지만, 실행하기에 힘이 부족합니다."

선생께서 말씀하셨다.

"힘이 부족한 것은 중간에 그만두기 때문이다. 지금 너는 스스로 한계를 긋고 있다."

○ 염구는 공자가 추구하는 이상이 위대하고 가치 있는 것임을 알았으되 너무 어렵게 느꼈기 때문에 힘이 부족하다고 말했다. 공자는 도를 체득하고 실현하는 것이 결코 먼 데 있는 것이 아님을 누차 역설했다. 여기서 공자는 어렵게 느끼는 이유는 하려고 하지 않기 때문이며 스스로 자신의 한계를 긋기 때문이라고 하여 염구를 훈계했다. 이와 같은 맥락의 말로서 맹자도 인간이 참다운 인간의 길을 가지 않은 것은 사실 '할 수 없는 것이 아니라, 하지 않는 것이다'는 말로 경계했다.

冉求曰: "非不說子之道, 力不足也." 子曰: "力不足者, 中道而廢, 今女畵."
염구왈 비불열자지도 역부족야 자왈 역부족자 중도이폐 금여획

선생께서 자하에게 말씀하셨다.

"너는 군자다운 유자가 될 것이며, 소인 같은 유자는 되지 말라."

○ 유자儒者란 유가의 학설을 따르는 사람들, 즉 공자 문하의 사람을 일컫는 것이다. 군자다운 유자가 되라는 것은 그 사람의 지식·교양·행동 등이 항상 올바른 세계관을 바탕으로 하여 만인을 위하는 방향으로 습득되고 펼쳐져야 한다는 말이다. 소인 같은 유자란 단순히 지식만을 위해 지식을 습득하거나 조금 알았다고 해서 거만하게 행세하는 사람을 말한다. 자하는 공자의 제자 중 문학에 특히 뛰어났던 인물이다. 그의 박학다식이 항상 바르게 펼쳐지길 바랐기 때문에 이 말을 해준 것이다.

子謂子夏:"女爲君子儒, 無爲小人儒."
자위자하왈 여위군자유 무위소인유

자유가 무성의 읍재가 되었다.

선생께서 말씀하셨다. "너는 쓸 만한 인재를 얻었느냐?"

자유가 말했다. "담대멸명이라는 사람이 있습니다. 길을 갈 때 지름길로 가지 않고, 공적인 일이 아니면, 저의 집에 온 적이 없습니다."

○ 자유가 노나라 요충지의 하나인 무성의 읍재가 되었다. 정치는 인재를 제대로 등용하는 것이 가장 급선무였기 때문에 공자가 위와 같이 물은 것이다. 담대멸명은 성이 담대澹臺, 이름이 멸명滅明이다. 공자의 제자였다고 하는데, 확실하진 않다. 길을 갈 때 지름길로 가지 않고 공적인 일이 아니면 찾아온 적이 없었기 때문에 자유는 담대멸명을 등용했다고 했다.

지름길로 가지 않는다는 것은 매사 처리에 순리와 원칙을 중시하며, 서두르지 않는다는 것이다. 공적인 일이 아니면 자기 집을 찾아가지 않았다는 것은 부당한 청탁이나 뇌물을 주는 일이 없었다는 말이다.

111

子游爲武城宰. 子曰:"女得人焉爾乎?" 曰:"有澹臺滅明者, 行不由徑, 非公事,
자유위무성재 자왈 여득인언이호 왈 유담대멸명자 행불유경 비공사

未嘗至於偃之室也."
미상지어언지실야

10

선생께서 말씀하셨다.

"맹지반은 자기 행실을 자랑하지 않았다. 싸우다가 패주할 때는 군대의 후미에 있다가, 성문에 들어서려고 할 때는 자기가 탄 말을 채찍질하여 앞으로 나서며 '감히 후미에 있으려고 했던 것이 아니라, 말이 앞으로 나아가지 않았기 때문이다'라고 했다."

○ 맹지반의 이름은 측側이다. 《춘추좌전春秋左傳》에 그에 대한 기록이 나온다. 애공哀公 11년 노나라 군대가 제나라 군대에게 패해 후퇴하여 노나라 성문에 들어올 때의 일을 말한다. 맹지반은 군대가 패주할 때는 제일 뒤에 있으면서 자국의 병사가 무사히 피신하는지 살폈으며, 무사히 후퇴한 다음에는 그런 자신의 행실을 내세우지 않고 말이 제대로 달리지 않았다고 말했다는 것이다. 싸움에 나설 때는 앞장서고 후퇴할 때는 후미에 서는 것이 용맹한 군사의 모습이다.

처음 읽는 논어

子曰:"孟之反不伐. 奔而殿, 將入門, 策其馬, 曰:'非敢後也, 馬不進也.'"
자왈 맹지반불벌 분이전 장입문 책기마 왈 비감후야 마불진야 선생께서 말씀하셨다.

"축타의 언변은 없고 송조의 외모만 있다면, 지금 세상에서 화를 면하기 어렵다."

○ 축타祝鮀는 위衛나라 대부로, 자는 자어子魚이다. 《좌전》에 따르면, 외교적 언변에 뛰어났다고 한다. 송조宋朝는 송나라 공자 조朝이다. 《좌전》에 따르면 외모로 인하여 해를 당했다고 한다. 이 말의 뜻에 대해 예로부터 설이 분분했다. 구문에 따라 그대로 풀면 위와 같다고 할 수 있으며, 사람이 외모만 빼어나고 상황에 대처할 언변이 없으면 화를 면하기 어렵다는 뜻으로 볼 수 있다.

한편, 공자는 언변만 뛰어난 것을 탐탁지 않게 여겼으므로 위와 같이 말했을 리 없다고 하면서, "축타의 언변과 송조의 외모가 없으면 지금 세상에서 화를 면하기 어렵다"는 뜻으로 보아, 언변과 외모를 중시한 당시 세태를 풍자한 것이라고 보는 설도 있다.

子曰:"不有祝鮀之佞, 而有宋朝之美, 難乎免於今之世矣."
자왈 불유축타지녕 이유송조지미 난호면어금지세의

12

선생께서 말씀하셨다.

"누가 밖에 나갈 때 문을 통하지 않을 수 있는가? 어찌 이 길을 따르는 사람이 없는가?"

○ 문은 안과 밖을 매개하는 유일한 것이다. 그 누구도 문을 통하지 않고서는 안에서 밖으로, 또는 밖에서 안으로 통할 수 없다. 따라서 공자는 자신이 추구하는 도를 문에 비유했다. 즉, 사람이 사람답게 살고자 한다면 당연히 걸어야 할 길이 도라는 말이다. '어찌 이 길을 따르는 사람이 없는가?'라고 한 것은 그럼에도 불구하고 사람들이 그 도를 따르려 하지 않음을 개탄한 것이다.

처음 읽는 논어

子曰: "誰能出不由戶? 何莫由斯道也?"
자왈 수능출불유호 하막유사도야

선생께서 말씀하셨다.

"바탕이 꾸밈보다 나으면 촌스럽고, 꾸밈이 바탕보다 나으면 사치이니, 꾸밈과 바탕이 알맞게 어우러져야 군자라고 할 수 있다."

○ 사람은 저마다 타고난 소질이 있고, 태어난 이후에 갈고닦아 이룩한 것이 있다. 전자를 질質, 즉 바탕이라고 하고 후자를 문文, 즉 꾸밈이라고 했다.

좋은 소질을 타고났으되 갈고닦지 않아 그대로 방치하면 발전이 없는데 이를 야野, 즉 촌스러운 것이라고 하고, 소질은 미치지 못하는데 겉으로만 훌륭하게 꾸미고 장식한 것을 사史, 즉 사치라고 했다. 꾸밈과 바탕이 알맞게 어우러져야 한다는 말은 좋은 소질은 계속 갈고닦아 빛을 발할 수 있도록 발전시키고, 내실은 없으면서 외양만 그럴 듯하게 꾸미는 일이 없어야 한다는 말이다.

115

子曰:"質勝文則野, 文勝質則史, 文質彬彬, 然後君子."
자왈 질승문즉야 문승질즉사 문질빈빈 연후군자

선생께서 말씀하셨다.

"사람이 사는 도리는 정직에 있다. 무시하고 살아가면 요행히 화를 면할 뿐이다."

○ 정직이 인생의 주요 덕목임은 재론의 여지가 없다. 그러나 때로는 정직하지 않게 살아도 아무 화를 입지 않고 심지어 누구보다 더 부귀영화를 누리는 사람들이 있다.

이를 보고 정직은 쓸모없는 것이고 오히려 손해를 가져다주는 것이라 주장할 수도 있다. 그러나 그런 사람들은 요행히 화를 면하는 것이며, 더욱이 항상 마음이 불안하고 초조하여 평온을 얻지 못하기 때문에 사실은 누구보다 불행한 삶을 사는 것이다.

처음 읽는 논어

子曰: "人之生也直, 罔之生也, 幸而免."
자왈 인지생야직 망지생야 행이면

15

선생께서 말씀하셨다.

"아는 것은 좋아하는 것만 못하고, 좋아하는 것은 즐거워서 하는 것만 못하다.

○ 사람이 어떤 것에 임하는 태도에 따라 얻는 결과와 경지의 차이가 있다는 말이다. 예를 들어 학생과 수업을 놓고 보자. 단순히 수업에 참석해야 하기 때문에 참석하는 것과, 좋아서 참석하는 것과, 참석하는 것 자체가 즐거움인 세 학생이 있다고 할 때 이들이 성취하는 학업의 효과와 깊이에는 큰 차이가 있다.

子曰:"知之者, 不如好之者, 好之者, 不如樂之者."
자왈 지지자 불여호지자 호지자 불여락지자

16

번지가 지혜로운 것이 무엇인지 물었다. 선생께서 말씀하셨다. "사람이 행해야 할 옳은 일에 힘쓰고, 귀신을 공경하되 멀리 하면, 지혜롭다 할 수 있다." 어질다는 것이 무엇인지 묻자 다음과 같이 말씀하셨다. "어진 사람은 우선 공을 들이고 난 다음에 얻으려고 하니, 그러면 어질다고 할 수 있다."

○ 귀신은 모든 제사의 대상인 산천의 신과 조상의 신을 말한다. 귀신을 공경하되 멀리하라고 한 것은 사람들이 산천과 조상의 신에게 제사할 때 갖게 되는 경건함과 엄숙함은 좋은 것이지만, 자칫 사람으로서 할 일을 소홀히 하고 무조건 귀신에게 행운과 행복을 빌게 될까 염려했기 때문이다. 귀신을 섬기는 것보다 우선하는 것이 사람으로서의 할 일을 다하는 것이며 이것이 진정한 지혜임을 강조한 것이다.

처음 읽는 논어

樊遲問知. 子曰: "務民之義, 敬鬼神而遠之, 可謂知矣."
번지문지 자왈 무민지의 경귀신이원지 가위지의

問仁. 曰: "仁者, 先難而後獲, 可謂仁矣."
문인 왈 인자 선난이후획 가위인의

17

선생께서 말씀하셨다.

"지혜로운 사람은 물을 좋아하고, 어진 사람은 산을 좋아한다. 지혜로운 사람은 동적이고, 어진 사람은 정적이다. 지혜로운 사람은 인생을 즐기고, 어진 사람은 장수한다."

○ 공자의 말에서 자주 거론되는 지자智者, 즉 지혜로운 사람과 인자仁者, 즉 어진 사람의 특징을 물과 산에 견주어 알기 쉽게 말했다. 지혜로운 사람은 모든 이치에 통달하여 막힘 없는 것이 마치 끊임없이 흐르는 물과 같다. 그러므로 물을 좋아한다. 어진 사람은 정의와 진리에 안주하고 중후하여 쉽게 마음이 변치 않는 것이 마치 천만 년을 변함없이 한 자리에 있는 산과 같다. 그러므로 산을 좋아한다.

子曰:"知者樂水, 仁者樂山, 知者動, 仁者靜, 知者樂, 仁者壽."
자왈 지자요수 인자요산 지자동 인자정 지자락 인자수

선생께서 말씀하셨다.

"사각 술잔이 사각 술잔 같지 않다면, 사각 술잔이라고 할 수 있겠는가? 사각 술잔이라고 할 수 있겠는가?"

○ 사각 술잔이라고 이름을 붙였으되 모양과 기능이 사각 술잔과 거리가 멀다면 이미 사각 술잔이라고 할 수 없다는 말이다. 공자는 정치에 참여할 기회가 자신에게 주어지면 가장 먼저 정명正名, 즉 명분을 바르게 하겠다고 했다. 이는 천하의 모든 것이 본연의 임무와 기능을 제대로 수행하는 사회를 건설하겠다는 것으로, 다름 아닌 명실상부를 제일 원칙으로 삼겠다는 말이다. 같은 맥락의 말로, 임금은 임금답고, 부모는 부모답고, 신하는 신하답고, 자식은 자식다운 사회가 되어야 한다고도 했다. 이 말은 나아가 사람이 사람답지 않다면 이미 사람이 아니라는 것이니, 인간성 회복의 절실한 필요성을 준엄하게 피력한 것이다. 자기의 본분을 지키고 자기의 할 일을 다하는 사람들이 모인 사회야말로 질서와 평화가 깃든 사회이다.

子曰: "觚不觚, 觚哉, 觚哉?"
자왈 고불고 고재 고재

재아가 물었다. "어진 사람은 우물 속에 어진 사람이 있다고 말하면 따라 들어갑니까?" 선생께서 말씀하셨다. "어찌 그럴 수 있겠느냐? 군자를 우물까지 가게 할 수는 있어도 우물 속에 빠지게 할 수는 없으며, 그럴듯한 말로 속일 수는 있어도 사리분별을 전혀 못하게 할 수는 없다."

○ 공자는 인仁을 성취하기 위해서는 어떤 어려움도 감수해야 한다고 말했고, 심지어 자기 몸을 죽여서 인을 성취하는 경우도 있다고 했다. 논리와 궤변을 좋아한 재아는 '그러면 거짓말로 우물 속에 어진 사람이 있다고 해도 무조건 따라 들어가 배우려고 하느냐'고 물은 것이다. 혹은 '정유인언井有仁焉'의 '인仁'을 '인人'으로 보아, '어진 사람은 우물에 사람이 빠졌다고 말만 하면 무조건 구하려고 뛰어 들어가느냐'는 의미로 해석하기도 한다. 어느 쪽으로 보든, 재아의 질문은 '인을 실현하는 길이라면, 군자는 거짓말을 해도 사리를 따지지 않고 무조건 달려드느냐'는 말이다. 거짓말로 우물 속에 어진 사람이 있다거나 사람이 빠졌다고 하면, 군자는 당장 달려가 보기는 하겠지만 무작정 우물 속에 뛰어들지는 않는다. 결국 어떤 일에도 사리를 분별하여 제대로 대처할 줄 아는 것이 군자라는 뜻이다.

宰我問曰: "仁者, 雖告之曰井有仁焉, 其從之也."
재아문왈 인자 수고지왈정유인언 기종지야

子曰: "何爲其然也, 君子可逝也, 不可陷也, 可欺也, 不可罔也."
자왈 하위기연야 군자가서야 불가함야 가기야 불가망야

선생께서 말씀하셨다.

"군자는 글을 널리 배우고, 예로써 요약하여 실천하면, 도에 어긋나지 않는다고 할 수 있다."

○ 글을 널리 배운다고 할 때의 글은 주로 당시까지의 문화와 전통을 수록한 고전을 말한다. 예는 현재 통용되는 제도와 규범을 말한다. 예로써 요약하여 실천한다는 것은 예전부터 이어져온 문화의 흐름과 정수를 파악하여, 현실에 맞게 요약하고 실천해야 한다는 말이다.

子曰:"君子博學於文, 約之以禮, 亦可以不畔矣夫."
자왈 군자박학어문 약지이례 역가이불반의부

21

선생께서 남자를 만나려고 하자, 자로가 좋아하지 않았다. 선생께서 다음과 같이 맹세하셨다. "내 행동에 잘못이 있다면, 하늘이 나를 버리리라, 하늘이 나를 버리리라."

○ 남자南子는 위衛나라 영공靈公의 부인이다. 영공의 총애를 등에 업고 권력을 좌지우지했으며, 행실이 음란하여 송조宋朝라는 사람과 불륜의 관계를 맺고 있었다고 한다. 남자는 그 시대의 위대한 인물이라는 공자가 위나라에 왔다고 하자 그 인품을 시험하고자 공자를 불렀다. 공자는 사양하고자 했으나, 어느 나라에 임용코자 할 경우에 그 제후의 부인을 만나 인사하는 예가 있어서 할 수 없이 남자를 찾아가 만났다. 자로는 스승이 그렇게 음란한 여자를 만난 것을 못마땅하게 생각했고, 이에 공자는 위와 같이 대답한 것이다.

子見南子, 子路不說, 夫子矢之曰: "予所否者, 天厭之, 天厭之."
자견남자 자로불열 부자시지왈 여소비자 천염지 천염지

22

선생께서 말씀하셨다.

"중용의 덕은 지극하구나! 이를 체득하여 실천하는 자가 없게
된 지 오래 되었도다."

○ 《중용》에도 같은 말이 나온다. '중용'은 치우침이 없고, 지
나침도 모자람도 없는 것을 말한다. 잠시도 떠나지 말아야 할
생활 규범이요, 통치를 하는 데 있어서도 늘 지켜야 할 기준이
라고 했다. 선왕들은 중용을 제대로 체득하고 실천하여 질서
있고 평화롭게 천하를 다스렸지만, 이제 그런 인물이 나오지
않음을 한탄한 것이다.

처음 읽는 논어

子曰:"中庸之爲德也, 其至矣乎, 民鮮, 久矣."
자왈 중용지위덕야 기지의호 민선 구의

23

자공이 말했다.

"만약 어떤 사람이 백성에게 널리 베풀고 대중을 어려움에서 구할 수 있다면 어떻습니까? 어질다고 할 수 있겠습니까?"

선생께서 말씀하셨다.

"어찌 어진 것에서 그치겠느냐? 그러면 반드시 성인의 경지이리라! 요순 임금도 그러지 못할까 근심하셨다. 인을 실천하는 사람은 자기가 서고자 하면 남도 서게 하고, 자기가 이르고자 하면 남도 이르게 한다. 가까운 곳에서 비유를 잘 취하여 실천한다면, 인을 실현하는 방법의 하나라고 할 수 있다."

○ 공자가 추구하는 도, 즉 인仁을 실현한 일면을 설명하는 대화이다. 인은 수양을 통해 올바른 인간으로서의 자신을 정립하고, 나아가 세계가 이에 동참하도록 이끄는 것이다. 요순은 역사상 최상의 태평성대를 이룩했던 최고의 성군聖君으로, 그들 역시 그러지 못할까 근심했다는 것은 백성에게 널리 베풀고 대중을 어려움에서 구제하는 것이 그만큼 어려운 것임을 말한 것이다.

자기 정립은 모든 개개인의 자기 정립과 분리될 수 없으며, 자기 정립을 원한다면 다른 사람의 자기 정립도 이룩할 수 있게 해주는 것이 인의 진정한 모습이다. 인의 궁극적 목표는 사람마다 모두 인간답게 살아가고 세계가 질서와 평화를 회복하는 사회가 도래하게 하는 것이다.

이에 대해 공자의 제자를 포함한 많은 사람들이 인은 어렵다거나 불가능하다거나 허황되다거나 하는 생각을 품게 되었다. 그러나 공자는 그렇게 원대한 인의 실현이란 사실 아주 가까운 것으로부터 시작된다는 것을 누차 역설했다.

처음읽는논어

子貢曰: "如有博施於民而能濟衆, 何如, 可謂仁乎?" 子曰: "何事於仁?
자공왈 여유박시어민이능제중 하여 가위인호 자왈 하사어인

必也聖乎! 堯舜其猶病諸. 夫仁者, 己欲立而立人, 己欲達而達人. 能近取譬,
필야성호 요순기유병저 부인자 기욕립이립인 기욕달이달인 능근취비

可謂仁之方也已."
가위인지방야이

술이
(述而)

선생께서 말씀하셨다.

"전술하되 창작은 하지 않고 옛것을 믿고 좋아하는 점에서 감히 우리 노팽에게 견주어 보노라."

○ 공자의 전통을 중시하는 정신을 보여주는 말이다. 전통이 전해지는 것은 주로 고전을 통해서이므로, 고전 중시 정신이라고도 할 수 있다. 전술하되 창작은 하지 않는다는 것은 전통을 담고 있는 고전의 올바른 이해와 응용을 위해 전심전력할 뿐이요, 새로운 사상과 학설을 창시하려는 것은 아니라는 말이다. 그러기 위해서는 전통, 즉 고전을 믿고 좋아해야 하는 것은 당연하다. 노팽은 700세를 살았다고 하는 은殷나라의 현명한 대부라고 하는데, 확실하지 않다.

子曰:"述而不作, 信而好古, 竊比於我老彭."
자왈　술이부작 신이호고 절비어아노팽

선생께서 말씀하셨다.

"묵묵히 깨우쳐 알고 배움에 싫증 내지 않고 가르침을 게을리하지 않는 것이 어찌 나에게 있으리오?"

○ '어찌 나에게 있으리오?'라고 반문한 것은 항상 위의 세 가지 자세를 잃지 않기 위해 노력했음을 말한다. 공자는 현란하게 꾸미는 말에 인이 깃들어 있는 경우가 드물고 어눌한 듯한 것이 실은 인에 가깝다고 했다. 그만큼 말이 많은 것을 경계한 것으로, 말이 많으면 행동이 따라가기 어렵고 자신의 과오나 결점을 말로만 수식하고 변명하기 쉽기 때문이다. 내게 부족한 것이 있으면 배워야 하건만, 이를 싫증 내고 꾸준히 하지 않으면 영원히 뒤처지게 되며, 내가 알게 되면 남도 같이 알 수 있도록 가르쳐줘야 하건만, 이를 게을리하면 독단과 오만에 흐르게 된다.

子曰: "黙而識之, 學而不厭, 誨人不倦, 何有於我哉?"
자왈 묵이지지 학이불염 회인불권 하유어아재

선생께서 말씀하셨다.

"덕을 닦지 않고, 학문을 강론하지 않고, 옳은 것을 듣고도 그리 옮겨 가지 못하고, 옳지 못한 것이 있어도 고치지 못하고, 이런 것을 나는 걱정한다."

○ 걱정한다는 것은 항상 그렇게 되지 않도록 태도를 게을리 하지 않는다는 말이다. 즉, 언제나 덕을 닦고, 학문을 강론하고, 옳은 것을 들으면 즉시 취하고, 옳지 못한 것이 있으면 즉시 고치는 사람이 될 수 있도록 힘쓴다는 말이다.

子曰: "德之不修, 學之不講, 聞義不能徙, 不善不能改, 是吾憂也."
자왈 덕지불수 학지불강 문의불능사 불선불능개 시오우야

선생께서 말씀하셨다.

"심하구나, 내가 쇠약해진 것이. 오래되었구나, 내가 꿈에서 다시 주공을 만나 뵙지 못한 것이."

○ 공자가 자신을 전통의 계승자요, 수호자로 자처한 언급이 여러 번 나왔다. 그 전통을 확립하는 데 주도적 역할을 했던 인물이 주공이다. 주공은 문왕文王의 아들이자 무왕武王의 동생으로, 주나라가 천하를 지배하게 된 이후 천하적 세계관에 입각한 통치 이념과 문물, 예악, 제도를 완성한 인물이다.

즉, 주나라 문화의 완성을 보게 한 인물인 셈이다. 주나라의 세계 질서가 무너져 가던 시기에 이를 다시 회복시키고자 노력했던 공자는 만년에 위와 같이 탄식함으로써 희망의 좌절, 세태의 문란, 세월의 무상함을 함축하여 드러냈다.

子曰:"甚矣, 吾衰也. 久矣, 吾不復夢見周公."
자왈 심의 오쇠야 구의 오불부몽견주공

선생께서 말씀하셨다.

"도에 뜻을 두며, 덕에 근거하며, 인에 의지하며, 예에서 노닐어
야 할 것이다."

○ 공자의 생활 자세를 말해주는 동시에 후학을 권면하는 말
이다. 도는 주공의 도, 또는 선왕의 도를 말한다. 결국 인간이
도달할 최선의 경지를 일컫는 것이다. 덕은 도에 뜻을 둠으로
인하여 점차 얻게 되는 것이고, 인은 천하 만물을 사랑하는 것
이다. 예는 다재다능함을 말한다. 예에서 노닌다는 것은 많은
재주와 능력을 개발하여 삶을 즐겁게 살 수 있도록 한다는 것
이다. 도·덕·인·예를 추구하며 사는 것이 참다운 삶의 모습임
을 말한 것이다.

처음 읽는 논어

子曰:"志於道, 據於德, 依於仁, 游於藝."
자왈 지어도 거어덕 의어인 유어예

선생께서 말씀하셨다.

"육포 한 묶음 이상을 예물로 가져왔으면, 나는 가르쳐주지 않은 적이 없었다."

○ 공자는 역사상 최초로 교육의 대중화와 평등화를 실현한 인물이라고도 한다. 즉, 공자 이전까지는 지식이 귀족 계층에 의해 독점되어, 귀족 계층 자제가 아니면 학문과 지식을 배울 수 없었다. 속수束脩는 말린 고기, 즉 육포 10개 단위 한 묶음을 말한다. 결코 많지 않은 양이다. 누구를 만날 때는 예물을 지참하는 것이 예였기 때문에, 육포 한 묶음 이상을 예물로 가져와 성의를 표하며 제자가 되기를 청하는 사람이면 누구나 출신과 능력을 따지지 않고 받아들였다는 말이다. 육포 한 묶음은 제자가 되기를 원하는 예를 행할 때 최소한의 성의를 표시하는 것에 불과하며, 오늘날처럼 자기 자식만 잘 보아달라고 은밀히 전달하는 촌지寸志와는 전혀 다른 것이다. 《순자荀子》〈법행法行〉편에 자공이 누군가로부터 '선생님의 문하에는 어찌 그리 잡된 사람들이 많은가'라는 비난 투의 질문에 '군자는 자신을 바르게 하여 기다릴 뿐, 오고자 하는 사람 막지 않고, 가고자 하는 사람 잡지 않으니, 훌륭한 의사 집에 병든 사람이 많이 찾아오고, 훌륭한 목수 곁에 굽은 나무가 많이 있는 법입니다. 그러므로 잡된 사람이 많은 것입니다'라고 대답한 내용이 있다.

제7편 술이(述而)

子曰: "自行束脩以上, 吾未嘗無誨焉."
자왈 자행속수이상 오미상무회언

선생께서 말씀하셨다.

"알고 싶어 분할 정도가 아니면 이끌어주지 않고, 말하고 싶어 끙끙댈 정도가 아니면 계도해주지 않는다. 한 쪽 귀퉁이를 알려주었는데 세 쪽 귀퉁이를 미루어 알지 못하면 더 이상 가르치지 않는다."

○ '분憤'은 알고 싶은 마음 간절한데 알지 못하는 심정이다. '비悱'는 말하고 싶은데 말이 잘 나오지 않는 심정이다. 간절한 동기가 있어야 배움에 성취가 있다는 말이다.

子曰:"不憤不啓, 不悱不發. 擧一隅不以三隅反, 則不復也."
자왈 불분불계 불비불발 거일우불이삼우반 즉불부야

08

선생께서는 상을 당한 사람 곁에서 식사하실 때에는 배불리 드셔보신 적이 없었다.

○ 가족을 잃은 사람이 곁에 있으면 그 사람의 슬픔이 젖어와 배불리 먹지 않았다는 말이다.

子食於有喪者之側, 未嘗飽也.
자식어유상자지측 미상포야

09

선생께서는 이 날 곡을 하면 노래를 부르지 않으셨다.

○ 가족을 잃은 사람이 곡을 하며 슬퍼하는데 곁에서 노래하는 일이 없었다는 말이다.

子於是日哭, 則不歌.
자어시일곡 즉불가

선생께서 말씀하셨다.

"부유함을 추구하여 얻을 수 있다면, 비록 채찍을 쥐고 마소를 모는 일이라도 나는 역시 하겠지만, 얻을 수 없다면, 내가 좋아하는 것을 따르겠다."

○ 공자는 부유하고 신분이 귀하게 되는 것은 하늘에 달려 있다고 했다. 즉, 사람은 누구나 부귀하게 되길 원하지만 그것은 소망과 노력으로도 어쩔 수 없는 운수와 같은 것이므로, 부귀를 지상의 목표로 설정하는 것은 곤란하며, 자신이 추구하는 진정한 삶의 길, 즉 선왕의 도를 실현하는 길을 가고자 한 것이다.

子曰: "富而可求也, 雖執鞭之士, 吾亦爲之, 如不可求, 從吾所好."
자왈 부이가구야 수집편지사 오역위지 여불가구 종오소호 선생께서 말씀하셨다.

"나물밥 먹고, 물 마시고, 팔 굽혀 베고 눕더라도, 즐거움이 그 안에 있으니, 옳지 않게 부귀하게 되는 것은 나에게는 뜬구름과 같다."

○ 공자는 부귀를 부정하지 않았으되, 그것을 얻는 방법과 과정이 옳을 것을 중시했기 때문에 뜬구름과 같이 여겼다.

子曰:"飯疏食, 飮水, 曲肱而枕之, 樂亦在其中矣, 不義而富且貴,
자왈 반소식 음수 곡굉이침지 낙역재기중의 불의이부차귀

於我如浮雲."
어아여부운

12

선생께서 말씀하셨다.

"내가 몇 년 더 살 수 있게 해주어, 나이 쉰이 되어 《역》를 배운다면, 큰 실수는 없을 것이다."

○ 《역》은 점괘 해설을 모은 책이다. 그중 주나라 역을 《주역周易》이라고 한다. 현상 해석과 행위 지침이 담겨 있기 때문에 인생의 지혜와 철학을 얻을 수 있다는 점에서 고전이 되었다.

나이가 들면서 《역》에 관심을 가지는 경우가 예로부터 많았다. 공자가 나이 쉰이 되기 전에 한 말이라고 하기도 하고, 가정을 하면서 노년에 한 말이라고 하기도 한다.

처음 읽는 논어

子曰:"加我數年, 五十以學《易》, 可以無大過矣."
자왈 가아수년 오십이학 역 가이무대과의

선생께서 말씀하셨다.

"나는 나면서부터 알던 사람이 아니라, 옛것을 좋아해 부지런히
추구하는 사람이다."

○ 아는 것에 대해 공자가 세 부류로 구분하여 말한 것이 〈계
씨〉 편에 나온다. '나면서부터 아는 것이 최상이요, 배워서 아
는 것이 그 다음이요, 막혀서 배우는 것이 또한 그 다음'이라고
했다. 이로 인해 공자는 나면서부터 알았던 사람이어서 자기
들이 따라갈 수 없다고 제자들이 단정하고 노력을 게을리 할
것을 염려했다. 자신은 사실 옛것을 좋아하고 부지런히 노력
하여 현재의 단계에 이른 것일 뿐이라고 밝힌 것이다.

子曰: "我非生而知之者, 好古敏以求之者也."
자왈 아비 생이지지자 호고민이구자자야

14

선생께서는 괴이한 것, 힘이 센 것, 문란한 것, 귀신 등에 대해서
는 말씀하지 않으셨다.

○ 힘이 세다는 것은 비상하게 힘이 센 것, 즉 평상의 상식을
벗어난 괴력 등을 말하고 문란하다는 것은 질서와 도리를 벗
어난 것을 말한다.
괴이한 것, 힘이 센 것, 문란한 것, 귀신 등은 모두 보통의 상식
을 벗어난 비정상적이고 초월적인 것을 일컫는다. 공자는 이
런 것들에 흥미를 느끼지 않았을뿐더러 아예 입에 담지도 않
았다는 말이다. 진리는 평상의 이치와 상식에 있기 때문이다.

子不語怪力亂神.
자불어괴력난신

선생께서 말씀하셨다.

"세 사람이 길을 가면, 반드시 나의 스승이 있다. 그중의 옳은 사람을 가려 따르고, 옳지 못한 사람을 가려 내 잘못을 고쳐야 할 것이다."

○ 이른바 스승과 제자란 어떤 관계를 말하는가? 학교에 입학하여 수업을 듣고 점수를 받았으면 스승과 제자가 성립된 것인가? 아니면 갖가지 절차를 거쳐 입문하여 정통 학문과 모든 비법을 받았으면 스승과 제자가 성립된 것인가?

공자는 이런 것을 부정하고, 일상 어디에나 나의 스승은 존재함을 말한 것이다. 바르고 훌륭한 사람을 보면 그를 본받고자 노력하게 되니 그가 바로 나의 스승이며, 못되고 모자란 사람을 보면 그와 같이 되지 않으려고 노력하니 그가 바로 나의 스승인 것이다. 이는 삶의 어느 순간 어느 장소에서나 자신의 발전과 도약을 위한 노력을 게을리 하지 않는 자세가 필요함을 말한다.

141

子曰:"三人行, 必有我師焉, 擇其善者而從之, 其不善者而改之."
자왈 삼인행 필유아사언 택기선자이종지 기불선자이개지

선생께서 말씀하셨다.

"하늘이 나에게 덕을 내려 주었는데, 환퇴가 어찌겠느냐?"

○ 환퇴는 송宋나라 경공景公이 총애하던 신하로, 사마司馬의 직책에 있었다. 공자가 조曹나라를 떠나 송나라에 가서, 큰 나무 아래에서 제자들과 예禮를 강론했다. 환퇴는 위대한 덕을 닦았다는 공자가 송나라에 와서 자신에게 불이익을 가져다줄까 염려한 나머지, 공자를 죽이려고 큰 나무를 쓰러뜨렸다. 이에 공자는 제자들과 송나라를 떠났는데, 어찌 그리 서두르지 않고 천천히 가느냐는 제자들의 질문에 위와 같이 대답한 것이다. 즉, 자신의 운명은 하늘이 결정할 일이지 환퇴라는 사람이 어찌 할 수 있는 것이 아니라는 말이다. 이때 공자의 나이 60세 정도였으며, 편력 생활 5년째였다고 한다. 천하의 화평을 가져올 자신의 이상을 실현하는 것에 대한 신념과 사명을 드러낸 말로, 비장감이 서려 있다.

子曰: "天生德於予, 桓魋其如何?"
자왈 천생덕어여 환퇴기여하

선생께서 말씀하셨다.

"얘들아, 내가 무엇인가를 숨긴다고 생각하느냐? 나는 숨기는 것이 없다. 나는 어떤 행실이든 너희와 같이 하지 않는 것이 없다. 이것이 나이다."

○ 아무리 노력해도 따라가지 못할 것처럼 공자의 경지가 너무 높아서, 무언가 말해주지 않는 비법이 있을 것이라고 제자들은 생각했다. 이에 공자가 위와 같이 말한 것이다. 아는 것은 같이 알고, 모르는 것은 함께 토론하려는 진지하고 인간적인 공자의 사제관을 보여 준다.

子曰:"二三者, 以我爲隱乎? 吾無隱乎爾. 吾無行而不與二三子者. 是丘也."
자왈 이삼자 이아위은호 오무은호이 오무행이불여이삼자 시구야 선생께서 말씀하셨다.

"성인은 내가 만날 수 없더라도, 군자라도 만날 수 있다면 괜찮을 것이다."

선생께서 말씀하셨다.

"선한 사람은 내가 만날 수 없더라도, 언제나 변하지 않는 마음이 있는 사람이라도 만날 수 있다면 괜찮을 것이다. 없으면서 있는 척하고, 비어 있으면서 가득 찬 척하고, 적으면서 많은 척하면, 언제나 변하지 않는 마음이 있기 어려울 것이다."

○ 성인은 인격과 덕망을 완성하여 만세의 법도와 모범을 보여준 사람을 말한다. 또한 군자는 인격과 덕망의 완성을 위해 끊임없이 노력하는 사람을 말한다.

공자의 입장에서 보면, 성인은 주공周公을 비롯하여 중국 문화의 창달에 기여한 선왕들을 일컫는 것으로, 당시에는 성인이라고 할 만한 인물이 출현하기를 바라는 것이 불가능했기 때문에, 그 도를 추구하고 실천하는 군자라도 만날 수 있기를 기대한 것이다.

선한 사람은 바른 심성과 가치관으로 사회의 화목과 질서를 선도하는 사람을 말한다. 공자는 이런 사람을 만나는 것 또한 쉬운 일이 아니므로, 변함없는 정신과 자세를 갖춤으로써 선한 사람으로 나아갈 가능성이 있는 사람이나마 만나기를 기대했다.

이는 한편으로 도덕과 기강이 땅에 떨어진 당시 세태에 대한 실망을 드러내는 말이기도 하다. 변함없는 정신과 자세를 갖추기 위해서는 위선과 가식을 배제한 진실과 성실의 태도가 다져져야 한다.

子曰:"聖人吾不得而見之矣, 得見君子者, 斯可矣."
자왈 성인오부득이견지의 득견군자자 사가의

子曰:"善人吾不得而見之矣, 得見有恒者, 斯可矣. 亡而爲有, 虛而爲盈,
자왈 선인오부득이견지의 득견유항자 사가의 무이위유 허이위영

約而爲泰, 難乎有恒矣."
약이위태 난호유항의

19

선생께서는 낚시질은 하되 그물질은 하지 않으셨고, 주살질은
하되 자는 새는 쏘지 않으셨다.

○ 부모를 봉양하고 제사에 공양하기 위해 물고기나 새를 잡
기는 했으되, 물고기는 낚시로만 잡고 그물질은 하지 않아 필
요 없이 많이 포획하지 않았으며, 새는 주살질로 잡되 자는 새
를 쏘아 잡는 비겁한 일은 하지 않았다는 말이다.

처음 읽는 논어

子, 釣而不網, 弋不射宿.
자 조이불망 익불석숙

선생께서 말씀하셨다.

"모르면서 함부로 창작하는 사람이 있으리라. 나는 이런 일이 없다. 많이 듣고, 그중 좋은 것을 가려서 따르고, 많이 보아 기억하고, 이렇게 하면 나면서부터 아는 것에 버금가느니라."

○ 공자는 '전술하되 창작은 하지 않고, 옛것을 믿고 좋아한다'고 말한 바 있으며, 이는 새로운 사상과 학설을 창시하려는 것이 아니라 전통과 고전을 전술하는 사명을 자임한 것임을 말한 바가 있다. 모르면서 함부로 창작하는 것을 거부한 것도 이와 같은 맥락에서 한 말이다. 많이 들어 그중 좋은 것을 가려서 따르고 많이 보아 기억하는 것이 나면서부터 아는 것에 버금간다는 것은 끊임없는 노력과 정진의 중요성을 거듭 강조한 말이다.

子曰:"蓋有不知而作之者, 我無是也. 多聞, 擇其善者而從之, 多見而識之,
자왈 개유부지이작지자 아무시야 다문 택기선자이종지 다견이지지

知之次也."
지지차야

선생께서 말씀하셨다.

"인仁이 멀리 있을까? 내가 인을 추구하면, 이에 인이 이른다."

○ 인은 공자 자신이 끊임없이 추구했던 최고의 덕이며, 제자들을 비롯한 다른 모든 사람에게도 끊임없이 권장했던 최고의 덕이다. 그런데 사람들은 이를 너무 높고 깊고 어렵게 생각하여 감히 인을 추구하려고 시도하지도 않는 경향이 있었다. 이에 대해 공자는 인이야말로 가장 우리와 가까이 있는 것임을 누차 역설했다. 사람마다 자신의 장점을 개발하고 단점을 극복하여 참다운 인간의 길을 찾는 것이 바로 인을 실현하는 길이기 때문이다.

子曰:"仁遠乎哉? 我欲仁, 斯仁至矣."
자왈 인원호재 아욕인 사인지의

22

선생께서 어떤 사람과 노래하는데 그 사람이 잘 부르면 반드시 다시 하게 하셨고, 그런 연후에 따라 하셨다.

○ 음악을 즐기고 좋아했던 공자의 모습을 말했다. 잘하는 사람이 있으면 몇 번 반복해서라도 반드시 배우려고 했다는 말이다. 누구를 막론하고 좋은 점이 있으면 배우려고 한 자세를 본받아야 할 것이다.

子與人歌而善, 必使反之, 而後和之.
자여인가이선 필사반지 이후화지

선생께서 말씀하셨다.

"책으로 공부한 것은 다른 사람들과 대략 비슷하다. 군자의 도를 몸소 실천한 면에서는 나는 아직 제대로 못했다."

○ '문文'에서 구두를 끊었고, '막莫'은 '대략'의 뜻이라고 보았다. 책을 통한 공부는 어느 정도 성취하였으나 그것을 실천한 것은 아직 미흡하다는 말이다.

子曰:"文, 莫吾猶人也. 躬行君子, 則吾未之有得."
자왈 문 막오유인야 궁행군자 즉오미지유득

24

선생께서 말씀하셨다.

"성聖과 인仁을 내가 어찌 감히 달성했다고 할 수 있을까? 그저 실행에 옮기는 것에 싫증 내지 않고, 사람들을 가르치는 것에 게으르지 않은 것은 그런대로 하고 있다고 할 수 있을 뿐이다." 공서화가 말했다. "바로 그 점이 제자들이 배울 수 없는 점입니다."

○ 당시에 공자는 성인이요, 인仁을 완성한 사람이라는 말이 세상에 퍼져 있었고, 공자의 귀에까지 들어가게 되었다. 이에 대해 공자는 자신은 완성된 사람이 아니라 끊임없이 노력하는 사람임을 밝혀 후학을 독려한 것이다.

子曰: "若聖與仁, 則吾豈敢? 抑爲之不厭, 誨人不倦, 則可謂云爾已矣."
자왈 약성여인 즉오기감 억위지불염 회인불권 즉가위운이이의

公西華曰: "正唯弟子不能學也."
공서화왈 정유제자불능학야

선생께서 말씀하셨다.

"사치하면 겸손하지 못하고, 검소하면 고루하게 되지만, 겸손하지 못한 것보다는 차라리 고루하리라."

○ 사치를 일삼는 것은 자신을 과시하기 위한 것이기 때문에 오만불손에 빠지기 쉽고, 검소한 것 역시 지나치면 고루함에 빠지기 쉽다. 사람들은 두 가지를 모두 꺼리는데, 공자는 둘 중의 하나를 택하라면 차라리 검소하여 고루하게 되는 것을 택하겠다는 말이다. 그만큼 오만불손을 경계한 것이다.

子曰: 奢則不孫, 儉則固, 與其不孫也, 寧固.
자왈 사즉불손 검즉고 여기불손야 녕고

26

선생께서 말씀하셨다.

"군자는 탁 트여 여유롭고 평탄하며, 소인은 꽉 막혀 근심하고 걱정한다.

○ 군자는 부귀영화에 뜻을 두지 않고 어떤 상황에 처해서나 인간의 바른 길을 갈 것에 뜻을 두니, 항상 마음이 여유롭고 평탄하다. 소인은 사소한 결과와 성취에 애를 태우고 조바심하여, 항상 근심과 걱정이 끊일 날이 없다.

子曰:"君子坦蕩蕩, 小人長戚戚."
자왈 군자탄탕탕 소인장척척

선생께서는 온화하면서도 엄숙했고, 위엄이 있으면서도 사납지
않았고, 공손하면서도 자연스러우셨다.

○ 평상시 공자가 사람을 대하는 태도를 표현한 말이다. 즉,
온화하되 우유부단으로 흐르지 않았고, 위엄이 있으되 공포감
을 주지 않았고, 공손하되 비위를 맞추고 아부하는 것으로 흐
르지 않았다는 말이다.

子溫而厲, 威而不猛, 恭而安.
자온이려 위이불맹 공이안

제8편

태백
(泰伯)

선생께서 말씀하셨다.

"태백의 덕은 지극히 숭고하다고 할 수 있으리라. 천하를 세 번 사양했으되, 백성은 그의 덕을 칭송할 길이 없었다."

○ 태백은 주周나라 시조 고공단보古公亶父의 큰아들이다. 고공단보에게는 세 아들이 있었다. 첫째가 태백, 둘째가 중옹仲雍, 셋째가 계력季歷이다. 계력의 아들이 창昌으로, 이가 나중의 문왕文王이며, 문왕의 아들 무왕에 와서 천하의 종주권을 차지하게 되었다. 고공단보는 셋째 계력의 아들 창이 남달리 뛰어난 인물임을 보고, 계력에게 왕위가 이어지게 되기를 바랐다. 고공단보의 의도를 알게 된 태백은 왕위 계승을 사양하고 주나라를 떠나 변방 오지에서 은둔했다. 세 번 천하를 사양했다는 것은 고공단보가 사망하자 태백은 장남임에도 불구하고 달려가지 않음으로써 계력이 상주가 되게 한 것이 첫 번째요, 계력이 태백을 불렀으나 가지 않은 것이 두 번째요, 상이 끝난 이후 머리를 풀어헤치고 야인이 되어 살아간 것이 세 번째라는 것이다. 즉, 철저하게 왕위 계승을 사양했음을 말한다. 백성이 그의 덕을 칭송할 수 없었다는 것은 태백이 모든 행동을 백성이 눈치 채지 못하도록 조용히 실천함으로써 백성이 그를 칭송할 기회조차 주지 않았다는 말이다. 천하의 평화를 위해 제왕의 자리를 과감히 사양하고 모든 선행을 남이 모르게 묵묵히 실천했다는 점에서 공자는 태백을 극찬한 것이다.

子曰:"泰伯其可謂至德也已矣, 三以天下讓, 民無得而稱焉."
자왈 태백기가위지덕야이의 삼이천하양 민무득이칭언

선생께서 말씀하셨다.

"용맹함을 좋아하되 가난함을 싫어하면 난이 일어나고, 사람이 어질지 않다 하여 너무 심하게 미워하면 난이 일어난다."

○ 용맹함을 좋아하고 어질지 않은 사람을 미워하는 것은 모두 미덕에 속한다. 그러나 용맹함을 좋아하되 가난함을 싫어하는 것은 분수를 모르는 것이요, 사람이 어질지 않다 하여 너무 심하게 미워하는 것은 도가 지나친 것이다. 미덕을 지녔다 해도 분수를 모르거나 도가 지나치면 똑같이 난이 일어나는 결과를 가져온다는 말이다.

子曰: "好勇疾貧, 亂也, 人而不仁, 疾之己甚, 亂也."
자왈 호용질빈 란야 인이불인 질지이심 란야

03

증자에게 병이 생겨 위독하자 문하 제자를 불러 말했다.

"내 발을 들춰보아라. 내 손을 들춰보아라. 《시경》의 시에서 '조심조심 살금살금, 깊은 연못가에 간 듯, 살얼음을 밟고 가듯'이라고 노래했으니, 지금 이후 내가 큰 죄를 면하게 되었음을 알겠구나, 얘들아!"

○ 증자는 항상 반성하고 효성이 지극한 것으로 유명한 제자다. '사람 몸의 모든 것은 부모로부터 받은 것이니, 감히 훼손시키지 않는 것이 효도의 시작'이라는 《효경孝經》의 말이 있다. 증자가 위독한 지경에 처하여 제자들에게 손과 발을 들춰보라고 한 것은 자기가 평생 동안 그 가르침을 제대로 지켰는지 확인하기 위해서다. 이제 몸의 어느 한 곳 해치지 않고 무사히 생을 마감하게 되었으니, 비로소 불효를 저지르는 죄로부터 벗어나게 되었다는 말이다.

처음 읽는 논어

曾子有疾, 召門弟子, 曰: "啓予足, 啓予手, 詩云, '戰戰兢兢, 如臨深淵,
증자유질 소문제자 왈 계여족 계여수 시운 전전긍긍 여임심연

如履薄氷', 而今而後, 吾知免夫, 小子."
여리박빙 이금이후 오지면부 소자

증자가 말했다.

"능력이 있지만 능력이 없는 사람에게도 물었으며, 많이 들었지
만 들은 것이 적은 사람에게도 물었으며, 있어도 없는 듯이 하였
으며, 가득 찼어도 빈 듯이 하였으며, 남이 내게 잘못을 범해도
따지지 않았다. 예전에 내 벗이 일찍이 이러했었다."

○ 예전에 어떤 친구가 능력과 지식을 지녔다고 해서 자만하
지 않고, 자기보다 능력과 지식이 모자란 사람에게조차 묻고
들어 배우고자 하였고, 남이 잘못을 범해도 따지고 앙갚음하
려 하지 않았다는 말이다. 안회를 회상하며 한 말이라고 많이
추측하였으나 확실히는 알 수 없다.

曾子曰:"以能問於不能, 以多問於寡, 有若無, 實若虛, 犯而不校,
증자왈 이능문어불능 이다문어과 유약무 실약허 범이불교

昔者吾友嘗從事於斯矣."
석자오우상종사어사의

증자가 말했다.

"육 척 어린 왕을 보필하도록 맡길 만하고, 사방 백 리 제후국 운명을 부탁할 만하고, 큰일에 임하여 절개를 빼앗을 수 없다면, 군자다운 사람일까? 군자다운 사람이다."

○ 고대의 6척을 환산하면 약 138cm 정도라고 한다. 6척의 어린 왕이란 키가 6척 밖에 안 되는 어린 왕을 말한다. 왕의 자리에 오르긴 했지만 학문과 덕행을 쌓은 것이 아직 미숙하고 사리 판단을 제대로 하지 못하기 때문에 누군가의 보필을 받아야 한다.

역사상 어린 왕을 보필하는 자의 선악 여부에 따라 국운의 흥망성쇠가 교차한 적이 허다하다. 어린 왕을 옆에 끼고 사욕을 채우는 정치를 일삼은 경우가 많기 때문이다. 따라서 증자는 진정 군자다운 사람의 요건에 6척의 어린 왕을 보필할 수 있는지 여부를 제시한 것이다.

曾子曰: "可以託六尺之孤, 可以寄百里之命, 臨大節而不可奪也. 君子人與,
증자왈 가이탁육척지고 가이기백리지명 임대절이불가탈야 군자인여

君子人也."
군자인야

증자가 말했다.

"도에 뜻을 둔 사람은 도량이 넓고 뜻이 굳세지 않으면 안 된다.
짐은 무겁고 갈 길은 멀기 때문이다. 인을 실천하는 것을 자기의
짐으로 삼으니, 어찌 무겁지 않으랴? 죽은 뒤에야 그칠 것이니,
어찌 멀지 않으랴?"

○ 사士란 선왕의 도를 추구하여 배우고 익히며 실천하려는
사람을 말한다. 이른바 지식인이라고 할 수 있다. 사회의 양심
을 형성하고 인도하는 지식인의 역할이 막중함을 짐은 무겁고
갈 길은 멀다고 표현했다.

曾子曰:"士不可以不弘毅. 任重而道遠. 仁以爲己任, 不亦重乎, 死而後已,
증자왈 사불가이불홍의 임중이도원 인이위기임 불역중호 사이후이

不亦遠乎."
불역원호

선생께서 말씀하셨다. "시를 통해 감흥을 일으키고, 예를 통해 자기 자신을 세우고, 음악을 통해 조화를 완성한다."

○ 인격 형성의 과정을 말한 것이다. 〈시詩〉·〈예禮〉·〈악樂〉을 통해 학문과 덕행을 완성할 것을 가르친 것이다.

子曰: "興於詩, 立於禮, 成於樂."
자왈 흥어시 입어례 성어악

선생께서 말씀하셨다. "백성은 정해진 길을 따라 가게 할 수는 있는데, 왜 그런지 알게 할 수는 없다."

○ 《사기》 〈골계열전〉과 〈서문표열전〉에 "백성은 일이 성사되어 즐거워 할 수는 있지만, 시작을 어떻게 할지 함께 생각할 수는 없다"라는 말이 있다. 이 말과 같은 맥락이다.

子曰: "民可使由之, 不可使知之."
자왈 민가사유지 불가사지지

선생께서 말씀하셨다. "공손함도 절도가 없으면 피로해지고, 신
중함도 절도가 없으면 두려워지고, 용감함도 절도가 없으면 문
란해지고, 곧은 것도 절도가 없으면 가혹해진다. 군자가 친족에
게 두터이 하면 백성에게는 인의 기풍이 일어나고, 오랜 친구를
저버리지 않으면 민심은 각박해지지 않는다."

○ 공손·신중·용감·곧음은 사람이 세상을 살아가면서 취해
야 할 아주 중요한 덕목이지만, 여기에도 절도를 지켜야 함을
말한 것이다. 즉, 공손함이 지나치면 헛수고로 끝나기 쉽고, 신
중함이 지나치면 모든 것에 위축되기 쉽고, 용감함이 지나치
면 폭력으로 흐르기 쉽고, 곧은 것이 지나치면 무자비함에 빠
지기 쉽기 때문이다.

군자는 군주의 지위에 있는 사람들을 말한다. 군자가 친족에
게 두터이 하면 백성에게 인의 기풍이 일어난다는 것은 윗자
리에 있는 사람들이 권력을 차지하려고 친족끼리 다투지 않고
화목하게 지내면 밑에 있는 백성들은 자연히 이 기풍을 따라
바르게 된다는 말이다. 자기의 욕망을 채우려고 오랜 우정을
하루아침에 버린다든지 이합집산을 일삼는다면 백성들 역시
그 기풍을 따라 각박하게 된다는 말이다.

163

子曰: "恭而無禮則勞, 愼而無禮則葸, 勇而無禮則亂, 直而無禮則絞.
자왈 공이무례즉로 신이무례즉시 용이무례즉란 직이무례즉교

君子篤於親, 則民興於仁, 故舊不遺, 則民不偸."
군자독어친 즉민흥어인 고구불유 즉민불투

10

선생께서 말씀하셨다.

"주공과 같은 훌륭한 재능을 갖추었다 해도 교만하고 인색하면,
그 나머지는 볼 것이 없다."

○ 그 나머지는 볼 것이 없다는 말은 그 사람의 가치를 결연히
부정한 것이다. 주공은 공자가 성인으로 추앙했던 사람이요,
중국 문화 창달의 업적을 남긴 인물이다. 그런데 주공과 같은
재능을 갖추었다 해도 인간성이 교만하고 인색하면 아무 가치
도 없는 사람이라고 하여, 겸손과 포용을 추구하고 교만과 인
색을 극구 배격한 것이다.

子曰:"如有周公之才之美, 使驕且吝, 其餘不足觀也已."
자왈 여유주공지재지미 사교차린 기여부족관야이

11

선생께서 말씀하셨다.

"삼 년을 공부하고서도 봉록에 뜻을 두지 않는 사람을 얻기가
쉽지 않다."

○ 공부를 하여 능력과 인격을 갖추면 이를 필요로 하는 자리
에 올라 봉록을 얻고 부유하게 되는 것은 당연한 일이다. 그렇
다고 해서 공부하는 목적을 그저 봉록을 얻는 것에 두면 안 된
다. 사람은 오직 꾸준한 연마를 통해 완전한 자아를 실현하기
위해 공부하는 것이요, 봉록과 부와 명성은 이에 따라 부차적
으로 얻어지는 것이기 때문이다.

子曰: "三年學, 不至於穀, 不易得也."
자왈 삼년학 부지어곡 불이득야

12

선생께서 말씀하셨다. "굳게 믿으면서 배우기 좋아하고, 죽음으로 지키면서 도를 잘 수행해야 한다. 위태로운 나라에는 들어가지 않고, 어지러운 나라에는 살지 않고, 천하에 도가 있으면 자신을 드러내 관직에 나가고, 도가 없으면 자신을 숨긴다. 나라에 도가 있으면 가난하고 천한 것이 부끄러운 것이요, 나라에 도가 없으면 부유하고 귀한 것이 부끄러운 것이다."

○ 굳게 믿으면서 배우기 좋아하는 것은 선왕의 도요, 죽음으로 지키면서 수행하는 것 역시 선왕의 도이다. 죽음으로 지킨다는 것은 자기의 목숨을 던져서라도 지킨다는 것이니, 도는 사람의 길이요 목숨이기 때문이다. 공자는 같은 맥락의 말을 여러 번 했다. '나라에 도가 있는데 봉록만 받아먹는 것과 나라에 도가 없는데 봉록만 받아먹는 것은 치욕'이라고 하여, 태평 사회에서 자기의 능력을 발휘하지 않는 것과 혼란한 세상을 떠나지 않는 것을 치욕으로 여겼다.

부귀하게 사는 것이 언제나 부당하고 빈천하게 사는 것이 언제나 정당한 것은 아니다. 나라에 도가 있으면 훌륭한 사람이 당연히 높은 자리에 쓰일 것이므로, 등용되지 못하고 빈천한 것이 치욕이요, 나라에 도가 없는데 부귀하게 산다면, 혼란한 사회에서 자리에 앉아 봉록을 받아먹는 것이므로 부귀가 치욕인 것이다.

처음 읽는 논어

子曰: "篤信好學, 守死善道. 危邦不入, 亂邦不居, 天下有道則見, 無道則隱.
자왈 독신호학 수사선도 위방불입 난방불거 천하유도즉현 무도즉은

邦有道, 貧且賤焉, 恥也, 邦無道, 富且貴焉, 恥也."
방유도 빈차천언 치야 방무도 부차귀언 치야

13

선생께서 말씀하셨다.

"그 지위에 있지 않으면, 그 정책을 의논하지 않는다."

○ 자신의 위치와 임무에 충실하라는 말이다. 실제로 책임과
권한이 없는 자리의 정책을 입안하고 추진하려 할 수 없다는
말이다.

子曰:"不在其位, 不謀其政."
자왈 부재기위 불모기정

14

선생께서 말씀하셨다.

"열광하여 매달리면서 곧지 못하고, 무지하면서 부지런하지 못하고, 무능하면서 성실하지 못하면, 나는 모르겠다."

○ 광狂은 어떤 일에 열광하여 광적으로 매달리는 것을 말한다. 일에는 순서가 있고 조리가 있어 차근차근 풀어가야 하는데, 광적으로 매달리면 옳고 그름을 따질 겨를이 없기 때문에 그르치기 쉽다. 무지하다는 것은 어린아이처럼 아무것도 모르는 상태를 말한다. 아무것도 모르면 부지런히 배우고 익혀야 하고, 무능하면 성실하게 노력해야 한다. 그런데 무지하면서 부지런히 배우고 익히지 못하고 무능하면서 성실하게 노력하지 못하면 아무 발전이 없게 되니, 공자는 이런 것들을 심히 거부하여 아예 모르겠다고 한 것이다.

처음 읽는 논어

子曰: "狂而不直, 侗而不愿, 悾悾而不信, 吾不知之矣."
자왈 광이부직, 동이불원, 공공이불신, 오부지지의

선생께서 말씀하셨다.

"공부는 도저히 따르지 못할 것처럼 하고, 오히려 잃을까 봐 두려워해야 한다."

○ 따르지 못할 것처럼 하라는 것은 섣부른 성취에 만족하지 말고 더 나은 성취를 위해 끊임없이 노력해야 한다는 말이요, 잃을까 봐 두려워해야 한다는 것은 이미 얻은 성취라도 반복 습득하여 완전한 자기 것으로 해야 한다는 말이다. '있어도 없는 듯이 하고, 가득 차도 텅 빈 듯이 하라'는 말과 같은 맥락이다.

子曰: "學如不及, 猶恐失之."
자왈 학여불급 유공실지

선생께서 말씀하셨다.

"높고도 크도다! 순임금과 우임금은 천하를 소유했으되 그것에 연연하지 않으셨구나!"

○ 순임금 우임금 역시 훌륭한 정치를 행하여 후세의 모범을 보인 선왕들이다. 요임금·순임금·우임금으로 이어진 전설적인 고대의 정권 이양을 선양禪讓이라고 하였으니, 세습에 의한 것이 아니라 유능한 인물에게 물려주는 평화적이고 이상적인 정권 이양이었다. 순임금과 우임금은 천하를 소유하게 되었으되 그로 인해 권력의 맛을 누리거나 쾌락에 빠지지 않고 훌륭한 신하를 등용하여 오직 만인을 위한 정치를 시행했기 때문에 공자가 위와 같이 극찬한 것이다.

子曰:"巍巍乎, 舜禹之有天下也, 而不與焉."
자왈 외외호 순우지유천하야 이이불여언

17

선생께서 말씀하셨다. "위대하구나! 요임금의 임금 노릇함이여. 높고도 크도다! 오직 하늘이 가장 크거늘, 오직 요임금만이 본받았구나. 그 공적이 넓고 넓어, 백성들은 형용하지 못했구나. 높고도 크도다! 그 공을 이룬 것이여! 찬란하게 빛나도다! 그 예악과 법도여!"

○ 요임금은 순임금 우임금으로 이어지는 선양의 전통을 최초로 수립한 왕으로, 학파를 초월하여 성군聖君으로 추앙받는 왕이다. 하늘을 본받았다는 것은 만물이 낳고 자라고 병들고 사라지는 모든 운행의 질서를 담고 있는 하늘의 이치를 따라서 정치를 시행했다는 말이며, 백성들이 그 넓고 넓은 공적을 형용하지 못했다는 것은 한편으로는 요임금의 치적이 너무 크기 때문이요, 한편으로는 백성들이 알아챌 수 없을 만큼 자연스럽고 평화스럽게 천하를 다스렸기 때문이다. 하늘의 이치를 본받아 천하를 질서 있게 다스리고 후세의 치자의 모범이 된 예악과 법도를 마련한 위대한 업적을 극찬한 말이다.

子曰:"大哉, 堯之爲君也, 巍巍乎, 唯天爲大, 唯堯則之, 蕩蕩乎, 民無能名焉.
자왈 대재 요지위군야 외외호 유천위대 유요칙지 탕탕호 민무능명언

巍巍乎, 其有成功也, 煥乎, 其有文章."
외외호 기유성공야 환호 기유문장

선생께서 말씀하셨다.

"우임금은 내가 흠잡을 데가 없으시구나. 평소 음식은 변변찮게 드시고 제사할 때는 조상의 귀신에 효도를 다했고, 평소 의복은 검소하게 입으시고 제복의 무릎덮개와 면류관은 아름답게 했고, 궁실은 낮게 지으시고 백성을 위해 물길을 틀 때에는 온 힘을 다하셨으니, 우임금은 내가 흠잡을 데가 없으시구나."

○ 우임금은 순임금의 신하로 있으면서 치수 사업에 큰 공을 쌓았고, 후에 순임금의 선양을 받아서 하夏나라를 창건했다. 비록 전설이라 해도, 후대 사람들은 우임금의 치적을 다른 어느 제왕의 치적 못지않게 높이 평가하고 숭상했다. 홍수와 가뭄이 빈발하여 중국 전토를 휩쓸던 때에 물길을 트고 개량하여 천하의 백성을 자연 재해로부터 구제했기 때문이다.

무릎덮개와 면류관은 제사할 때 입는 주요 복장으로, 이를 아름답게 했다는 것 역시 자신의 의복은 검소히 하고 조상을 모시는 제사는 성대히 했다는 말이다. 우임금은 일생 동안 백성이 편히 살 수 있게 하기 위한 치수 사업에 몸을 바쳤다.

공자는 우왕이 자신의 안락을 꾀하지 않고 오직 남을 위해 봉사하는 일에 전념하고 조상을 모시는 일에 정성과 노력을 아끼지 않은 것을 보고, 그의 인품과 덕망은 미루어 짐작할 수 있었기 때문에 흠잡을 데가 없다고 극찬한 것이다.

子曰: "禹吾無間然矣, 菲飮食而致孝乎鬼神, 惡衣服而致美乎黻冕,
자왈 우오무간연의 비음식이치효호귀신 악의복이치미호불면

卑宮室而盡力乎溝洫, 禹吾無間然矣."
비궁실이진력호구혁 우오무간연의

자한
(子罕)

선생께서는 이익과 운명과 인仁에 대해서 드물게 말씀하셨다.

○ 이익은 사람이 제일로 추구해야 할 것이 아니요, 운명은 사람이 어떻게 할 수 없는 것이요, 인仁은 가장 가까이서 실천하는 것이 중요하기 때문에, 세 가지에 대해서는 별로 말하지 않았다는 뜻이다.

그러나 공자가 인에 대해 드물게 말했다는 것은 앞뒤가 맞지 않는다 하여, '자한언리子罕言利, 여명與命, 여인與仁', 즉 '공자는 이익에 대해서는 별로 말하지 않았고, 천명과 함께하고, 인仁과 함께했다'고 해석해야 한다는 주장도 있다. 기타 자세한 의미에 대해 의견이 분분하다.

子罕言利與命與仁.
자한언리여명여인

선생께서 말씀하셨다. "베로 만든 면류관을 쓰는 것이 원래의 예이다. 지금은 생사生絲로 만든 면류관을 쓰는데, 검소하다. 나는 지금 사람들을 따라 하겠다. 당堂 아래에서 절하는 것이 원래의 예이다. 지금은 당 위에서 절을 하는데, 거만하다. 비록 지금 사람들과 어긋난다 해도, 나는 당 아래에서 절하는 예를 따르겠다."

○ 시대에 따라 달라지는 이른바 유행이나 예절 관행을 어떻게 소화해야 할 것인가에 대한 공자의 견해를 드러낸 말이다. 면류관은 종묘에서 제사할 때 머리에 쓰던 것이다. 원래 베로 만든 면류관을 쓰는 것이 예에 맞았는데, 공자 당시에는 모두 생사로 만든 면류관을 썼다. 그런데 생사로 만드는 것이 검소하여, 공자는 비록 전통의 예에 어긋난다 할지라도 당시 사람들을 따라 생사로 만든 면류관을 쓰겠다는 말이다. 결국 모든 예절 관행은 항상 자신의 주체적인 가치 판단에 의해 결정하고 따라야 한다는 말이다.

임금과 신하가 접견하는 예로, 신하는 먼저 당 아래에서 임금에게 재배하고 머리를 조아린 다음 당 위에 올라 접견하는 것이 원래의 예였다. 그런데 공자 당시에는 모두 당 위에 올라 재배하고 머리를 조아리는 것이 행해지고 있었다. 후자는 신하로서 임금을 접견하는 예가 아니므로, 공자는 비록 현재 사람들과 어긋나더라도 옛날의 예를 따르겠다는 말이다.

子曰: "麻冕, 禮也, 今也純, 儉, 吾從衆. 拜下禮也, 今拜乎上, 泰也, 雖違衆,
자왈 마면 예야 금야순 검 오종중 배하례야 금배호상 태야 수위중

吾從下.
오종하

선생께서는 네 가지 태도를 전혀 취하지 않으셨다. 억측하지 않 았고, 기필하지 않았고, 집착하지 않았고, 자기만을 내세우지 않 았다.

○ 억측하지 않았다는 것은 자기만의 편견으로 판단하지 않았 다는 말이요, 기필하지 않았다는 것은 반드시 해내고야 말리 라고 지나치게 장담하지 않았다는 말이요, 집착하지 않았다는 것은 어느 한 가지에 몰입하지 않았다는 말이요, 자기만을 내 세우지 않았다는 것은 이기적이거나 독선에 빠지지 않았다는 말이다.

子絶四, 毋意, 毋必, 毋固, 毋我.
자절사 무의 무필 무고 무아

04

선생께서 광匡 지방에서 위험에 처하시자 다음과 같이 말씀하셨다. "문왕께서 이미 돌아가셨으니, 그 제도와 문물을 전할 사명이 나에게 있지 않은가? 하늘이 이 제도와 문물을 없애려고 한다면, 뒤에 죽을 사람들이 이 제도와 문물을 알 수 없을 것이거니와, 하늘이 아직 이 제도와 문물을 없애려고 하지 않는다면, 광 지방 사람들이 나를 어떻게 하겠느냐?

○ 공자가 위衛나라를 떠나 진陳나라로 가는 도중 광 지방을 지나게 되었다. 광 지방 사람들이 공자를 노나라의 양호陽虎라고 착각하여 포위했다. 양호가 이전에 광 지방의 사람에게 포악한 행위를 일삼은 적이 있었다. 공자의 생김새가 양호와 비슷했기 때문에 양호로 착각하여, 공자에게 앙갚음을 하려고 했던 것이다. 공자의 일행은 닷새 동안 억류되어 있었다.

공자는 절박한 상황에서 위와 같은 말로 제자들을 안심시켰다. 문文은 문왕이 다진 주나라의 기틀, 즉 문물 제도를 말한다. 공자는 선왕의 도를 계승 융성시켜 후세에 전할 것을 사명으로 삼았는데, 이것이 정당한 사명이라면 하늘도 자기를 그냥 죽도록 내버려두지는 않을 것이라는 말이다. 여기서 공자가 지칭한 '사문斯文'을 '이 제도와 문물'이라고 풀이했거니와, 이후 '사문'은 유학儒學을 지칭하는 별칭으로 쓰였다.

子畏於匡, 曰: "文王旣沒, 文不在玆乎. 天之將喪斯文也,
자외어광 왈 문왕기몰 문부재자호 천지장상사문야

後死者不得與於斯文也, 天之未喪斯文也, 匡人其如予何?"
후사자부득여어사문야 천지미상사문야 광인기여여하

뇌가 말했다.

"선생께서는 '나는 세상에 등용되지 못했기 때문에 여러 재주를
익혔다'고 말씀하셨다."

○ 뇌는 공자의 제자로 성은 금琴 자字는 자개子開, 또는 자장
子張이라는 설이 있는데 확실하지 않다. 결국 공자는 비천했기
때문에, 즉 세상에 등용되지 못했기 때문에 생계를 위해서 여
러 재능을 익혔다는 말이다.

牢曰: "子云, '吾不試, 故藝.'"
뇌왈 자운 오불시 고예

06

선생께서 말씀하셨다.

"나는 아는 것이 있을까? 아는 것이 없다. 어떤 무지렁이가 내게 무언가 물었는데 내가 아는 게 없다면, 나는 양쪽 극단으로부터 차근차근 알아보며 최선을 다해서 말해준다."

○ 공자는 우선 자신은 아는 것이 없다고 겸손해하고, 그래도 누군가 묻는 것이 있다면 상대방이 누구라도 모든 것을 동원하여 알게 하기 위해 최선을 다했다는 것이다. 너무 추상적이고 고상한 것만 언급함으로써 사람들이 따라오지 못하게 하는 게 아니라, 누구라도 쉽게 이해하고 깨우칠 수 있도록 최선을 다했다는 말이다.

子曰:"吾有知乎哉, 無知也, 有鄙夫問於我, 空空如也, 我叩其兩端而竭焉."
자왈 오유지호재 무지야 유비부문어아 공공여야 아고기양단이갈언 선생께서는 상복 입은 사람과 모자 쓰고 위아래로 성장한 사람과 앞을 못 보는 사람을 만나면, 비록 나이가 적어도 반드시 일어나셨고, 곁을 지나갈 때는 반드시 종종걸음 하셨다.

○ 모자를 쓰고 위아래로 성장했다는 것은 공직에 종사하고 있음을 말해주는 것이다. 자리에서 일어난다거나 종종걸음 친다거나 하는 것은 모두 깍듯이 예의를 차리는 것이다. 상복 입은 사람에게는 친족을 잃은 것을 애도하는 의미에서, 공직에 종사하고 있는 사람에게는 백성을 위해 노고를 아끼지 않는 것에 경의를 표하는 의미에서, 앞 못 보는 사람에게는 불우한 처지를 안타까워하는 마음에서, 나이의 많고 적음을 가리지 않고 남다른 예를 표했다는 말이다.

子見齊衰者, 冕衣裳者, 與瞽者, 見之, 雖少, 必作, 過之, 必趨.
자견자최자 면의상자 여고자 견지 수소 필작 과지 필추

자공이 말했다.

"여기 아름다운 옥이 있는데, 상자에 넣어 보관해 두시겠습니까,

살 사람을 찾아 파시겠습니까?"

선생께서 말씀하셨다.

"팔겠다! 팔겠다! 나는 살 사람을 기다린다."

○ 자공은 공자가 그만한 학식·능력·덕망·인품을 지녔음에
도 벼슬하지 않고 이 나라 저 나라로 떠도는 것을 의아해하여
위와 같이 비유를 들어 물었다. 이에 공자는 아름다운 옥의 가
치를 알아보고 제 값을 내고 살 만한 사람을 기다리는 중이라
고 역시 비유를 통해 자신의 의중을 밝힌 것이다. 즉, 공자는
벼슬을 원하지 않는 것이 아니라 자신의 능력과 가치를 제대
로 발휘할 기회를 줄 수 있는 군주를 만나기 위해 여러 나라를
떠도는 것임을 밝힌 것이다.

子貢曰:"有美玉於斯, 韞匵而藏諸? 求善賈而沽諸?" 子曰:"沽之哉, 沽之哉,
자공왈 유미옥어사 온독이장저 구선가이고저   자왈 고지재 고지재

我待賈者也."
아대고자야

선생께서 말씀하셨다.

"관직에 나가면 공경을 섬기고, 집에 들어오면 부형을 섬기고, 상사喪事에 감히 정성을 다하지 않는 경우가 없고, 술에 빠지지 않는 것 중 나는 어떤 것을 이루었나?"

○ '어찌 나에게 있으리오'라고 한 것은 겸손의 말로, 항상 위의 네 가지에 정성을 다하고자 힘쓴다는 말이다.

子曰: "出則事公卿, 入則事父兄, 喪事, 不敢不勉, 不爲酒困, 何有於我哉?"
자왈 출즉사공경 입즉사부형 상사 불감불면 불위주곤 하유어아재 선생께서 시냇가에 계시던 중 말씀하셨다.

"가는 것이 이 물과 같구나! 밤에도 낮에도 멈추지 않는구나!"

○ 공자가 시냇가에서 시냇물을 응시하고, 끊임없이 흐르는
시냇물과 조락의 날이 멀지 않은 자신의 인생을 돌아보며 한
말이다. 무상한 인생은 자연 앞에서 그 무궁함과 영원불변함
에 고개를 숙이지 않을 수 없다. 깊은 사색과 여운을 남겨 천고
에 애송되는 공자의 명언이다.

子在川上, 曰: "逝者如斯夫, 不舍晝夜!"
자재천상 왈 서자여사부 불사주야

선생께서 말씀하셨다.

"나는 아직 색을 좋아하듯 덕을 좋아하는 사람을 보지 못했다."

○ 위衛나라 영공靈公과 남자南子를 만난 이후 한 말이라고 한다. 즉, 군주가 아름다운 여인만을 밝히고 도덕을 닦는 일은 게을리 하여 본분을 잃은 것을 심히 비판한 말이며, 나아가 현명한 군주가 없고 현명한 신하가 없어, 정치가 문란해지고 백성이 도탄에 빠진 것을 비판한 말이다.

子曰:"吾未見好德如好色者也."
자왈 오미견호덕여호색자야

12

선생께서 말씀하셨다.

"비유하자면 산을 만드는 것과 같아서, 흙을 거의 다 쌓아서 마지막 한 삼태기를 미처 쌓지 못하고 그만두더라도 내가 그만두는 것이며, 비유하자면 평지에 비록 처음 흙 한 삼태기를 붓더라도 끊임없이 진행하면 내가 나아가는 것과 같다."

○ 도를 추구하는 것, 즉 사람이 사람다운 길을 가는 것은 누가 더하고 누가 덜함이 없이, 끊임없이 추구하는 것임을 말했다. 이 정도면 거의 되었다 하여 노력을 게을리 하면 결국 뒤처지게 되며, 이제라도 늦지 않았다 하여 차근차근 시작하면 언젠가는 도달할 날이 있을 것이다.

子曰: "譬如爲山, 未成一簣, 止, 吾止也, 譬如平地, 雖覆一簣, 進, 吾往也."
자왈 비여위산 미성일궤 지 오지야 비여평지 수복일궤 진 오왕야 선생께서 말씀하셨다.

"싹을 틔웠는데 꽃을 피우지 못하는 경우가 있도다. 꽃을 피웠는데 열매를 맺지 못하는 경우가 있도다."

○ 식물이 싹을 틔우고, 꽃을 피우고, 열매를 맺고, 시들게 되면 자기 할 일을 다한 것이다. 이를 사람에게 비유하면, 사람에게도 각각 싹을 틔운 정도의 단계가 있고, 꽃을 피운 정도의 단계가 있고, 열매를 맺은 정도의 단계가 있으되, 노력하고 정진하지 않으면 발전이 있을 수 없으니, 이렇게 되면 사람으로서의 제 몫을 다하지 않은 것이라는 말이다.

子曰: "苗而不秀者, 有矣夫, 秀而不實者, 有矣夫."
자왈 묘이불수자 유의부 수이불실자 유의부

14

선생께서 말씀하셨다.

"후생은 두려워할 만하다. 어찌 우리 뒤를 이을 자들이 지금 우리보다 못하리라고만 알고 있겠는가? 다만 나이 사오십이 되어도 들리는 것이 없다면, 이 또한 두려워할 것이 없을 뿐이로다."

___

○ 후생은 무한한 가능성을 지닌 젊은 사람들을 말한다. 그들이 지닌 무한한 가능성은 언제라도 선배를 뛰어넘을 수 있기 때문에 기성세대도 연배가 많다거나 성취한 것이 많은 것에 자만하지 말고 꾸준히 정진해야 한다는 말이다.

그런데 나이 사오십이 되도록 그 사람의 명성이 들리지 않으면 그는 더 이상 두려워할 후생이 아니라고 말했다. 결국 공자는 후생을 두려워하라는 의도에서 이 말을 한 것이 아니라, 더 이상 두려워 할 것이 없는 후생 꼴이 되지 말라는 의도에서 이 말을 한 것이다.

___

187

제 9 편 자한(子罕)

子曰:"後生可畏, 焉知來者之不如今也, 四十五十而無聞焉,
자왈 후생가외 언지래자지불여금야 사십오십이무문언

斯亦不足畏也己."
사역부족외야이

15

선생께서 말씀하셨다.

"옳은 도리를 담아서 해주는 말을 따르지 않을 수 있겠는가? 나의 잘못을 고치는 것이 중요하다. 완곡하게 해주는 말을 기뻐하지 않을 수 있겠는가? 그 실마리를 찾는 것이 중요하다. 기뻐하되 실마리를 찾지 않고, 따르되 잘못을 고치지 않는다면, 나는 어찌 할 방법이 없다."

○ 법어지언法語之言은 옳은 도리가 담긴 말이다. 누구든지 내게 바른말을 하면 그것을 따라야 한다는 말이다. 손여지언巽與之言은 공손하게, 즉 완곡하게 해주는 말이다. 사람은 누구나 남이 바른말을 하면 기분이 좋지 않은 법이므로 완곡하게 말하기 마련이니, 이를 기뻐하지 않을 사람은 없다. 그러나 완곡하게 하는 말을 기뻐하기에 앞서 그 말의 의도를 아는 것이 중요하다는 말이다.

처음 읽는 논어

子曰: "法語之言, 能無從乎, 改之爲貴, 巽與之言, 能無說乎, 繹之爲貴,
자왈 법어지언 능무종호 개지위귀 손여지언 능무열호 역지위귀

說而不繹, 從而不改, 吾末如之何也已矣."
열이불역 종이불개 오말여지하야이의

16

선생께서 말씀하셨다.

"정성과 신망을 주된 자세로 하고, 나만 못한 사람을 벗으로 하지 말며, 잘못이 있으면 고치는 것을 꺼려하지 마라."

○ 충忠은 자신의 정성을 다하는 것이요, 신信은 언행에 신망이 있는 것을 말한다. 나만 못한 사람을 벗으로 하지 말라는 것은 독선에 빠지라는 말이 아니라, 그만큼 자신도 나아질 수 있도록 노력하라는 말이다.

子曰:"主忠信, 無友不如己者, 過則勿憚改."
자왈 주충신 무우불여기자 과즉물탄개

17

선생께서 말씀하셨다.

"삼군의 군대로부터 그 우두머리 장수를 빼앗을 수는 있지만, 필부로부터 그 의지를 빼앗을 수는 없다."

○ 삼군은 대국의 대규모 군대요, 필부는 한낱 평범한 보통 사람이다. 힘을 따지면 양자는 비교조차 할 수 없을 만큼 차이가 있다. 삼군을 움직이는 것은 우두머리 장수, 즉 총사령관이요, 필부를 움직이는 것은 그의 마음, 즉 의지이다. 삼군의 우두머리를 빼앗을 수는 있어도 필부의 의지는 빼앗을 수 없다는 말이다. 그만큼 인간의 의지는 저마다 소중하고 가치 있는 것임을 말했다.

子曰:"三軍可奪帥也, 匹夫不可奪志也."
자왈 삼군가탈수야 필부불가탈지야

18

선생께서 말씀하셨다. "떨어진 솜옷을 입고, 여우나 담비 가죽
으로 만든 옷을 입은 사람과 같이 서 있어도 부끄러워하지 않을
사람은 아마 자로이리라. 남을 시기하지 않고 남의 것을 탐내지
않으니, 어찌 선하지 않으리오?" 자로가 죽을 때까지 그 말을 외
우려고 하자, 선생께서 말씀하셨다. "이것만 가지고 어찌 선하다
고 하기에 충분하겠느냐?"

○ 여우나 담비 가죽으로 만든 옷은 최고급 의상이었다. 공자
는 입을 것 먹을 것 걱정에 연연하는 사람과는 함께 도를 논할
수 없다고 했는데, 다 떨어진 솜옷을 입고 최고급 옷을 입은 사
람과 함께 있어도 부끄러워하지 않을 자로의 성품을 칭찬했
다. 자로는 순박하고 충직하며 용기가 있었다.

《논어》를 통해 보면, 자로는 공자로부터 칭찬도 받았지만, 지
나치게 솔직하고 과단성이 있어 공자로부터 애정 어린 질책을
받은 적이 더 많았다. 여기에서도 공자는 자로가 한 마디 칭찬
을 듣고 오직 그것만을 평생의 신조로 삼으려고 하자 질책하
여 더욱 정진케 한 것이다.

제 9 편 자한(子罕)

子曰: "衣敝縕袍, 與衣狐貉者立而不恥者, 其由也與, 不忮不求, 何用不臧?"
자왈 의폐온포 여의호학자립이불치자 기유야여 불기불구 하용부장

子路終身誦之, 子曰: "是道也, 何足以臧?"
자로종신송지 자왈 시도야 하족이장

선생께서 말씀하셨다.

"지혜로운 사람은 미혹되지 않고, 어진 사람은 근심하지 않고, 용감한 사람은 두려워하지 않는다."

○ 공자는 군자가 지녀야 할 자세로 미혹되지 않고, 근심하지 않고, 두려워하지 않는 것을 매우 강조하여, 〈안연〉 편과 〈헌문〉 편에 같은 내용의 말이 실려 있다. 〈안연〉 편에서는 사마우司馬牛의 질문에 '군자는 근심하지 않고 두려워하지 않는다', '자기 내면을 돌아보아 잘못이 없으면, 무엇을 근심하고 무엇을 두려워하겠느냐?'라고 했고, 또한 〈헌문〉 편에서는 '군자가 나아갈 길로 삼는 것 세 가지가 있는데, 나는 하나도 잘하는 것이 없다. 어진 사람은 근심하지 않고, 지혜로운 사람은 미혹되지 않고, 용감한 사람은 두려워하지 않는다'고 말했다.

子曰: "知者不惑, 仁者不憂, 勇者不懼."
자왈 지자불혹 인자불우 용자불구

선생께서 말씀하셨다. "함께 공부할 수 있어도 함께 도에 나아갈 수는 없고, 함께 도에 나아갈 수 있어도 함께 뜻을 세울 수는 없고, 함께 뜻을 세울 수 있어도 함께 권도權道를 행할 수는 없다."

○ 학문은 권도權道를 깨우치는 것에서 완성된다. 권權은 '저울대로 잰다'는 뜻으로, 여기서는 학문을 갈고닦아 세워진 자기 나름의 가치관을 기준으로 만사에 이치의 경중을 따져서, 옳고 그름을 판단하고 자주적으로 대처한다는 뜻으로 쓰였다. 어떤 이치나 원리를 깨우쳤다 하여 이를 무조건 매사를 처리하고 판단하는 기준으로 삼는다면 독단과 아집에 빠질 수 있다. 매사에는 변함없는 이치나 기준이 있는데, 이것을 상도常道라고 하고, 처지와 상황에 따라 이를 적절하게 적용하는 것을 권도權道라고 한다. 예를 들면, '부녀자의 손을 함부로 잡아서는 안 된다'는 것은 누구나 알고 있는 상도常道이다.

만약 물가를 지나는데 어떤 여인이 물에 빠져 살려달라고 애원한다면 어떻게 해야 하는가? 이 경우의 대답은 자명하다. 즉시 손을 뻗어 여인을 구해야 하는 것이다. 이런 류의 것을 권도라고 한다. 그러므로 상도를 알되 이를 운용하는 권도를 깨우치는 것이 학문의 완성이며 이는 부단한 연구와 노력에 의해 가능한 것이다.

子曰: "可與共學, 未可與適道, 可與適道, 未可與立, 可與立, 未可與權."
자왈 가여공학 미가여적도 가여적도 미가여립 가여립 미가여권

제10편

향당
(鄕黨)

선생께서 마을에 계실 때는 온화하고 공손했고 말을 잘 못하는 듯하였고, 종묘와 조정에 계실 때는 또박또박 말씀하시고 오직 신중히 하셨다.

○ 〈향당〉 편에서는 공자의 일상생활을 기록했다. 그중 이 1장은 마을에 있을 때와 종묘와 조정에 있을 때의 언동이 달랐음을 기록한 것이다. 공자는 평소에 말이 많은 것을 좋아하지 않았다. 말이 많다 보면 실상을 꾸미고 허황되기 쉽기 때문이다. 그렇지만 종묘와 조정은 국가의 대사를 처리하는 곳이므로 말을 또박또박 분명하게 하지 않을 수 없으되, 다만 신중하게 했다는 말이다.

처음 읽는 논어

孔子於鄕黨, 恂恂如也, 似不能言者, 其在宗廟朝廷, 便便言, 唯謹爾.
공자어향당 순순여야 사불능언자 기재종묘조정 편편언 유근이

조회를 기다리면서 하대부와 말씀하실 때는 카랑카랑하게 하셨고, 상대부와 말씀하실 때는 공손하게 하셨고, 왕이 있을 때는 주춤주춤하셨고, 단정하셨다.

○ 경卿을 상대부라 하고, 이에 상응하여 대부大夫를 하대부라고 했다. 말할 때도 동료와는 솔직하게 했고, 상사와는 부드럽게 했고, 왕 앞에서는 조용하고 솔직하게 했다는 말이다.

朝, 與下大夫言, 侃侃如也, 與上大夫言, 誾誾如也, 君在, 踧踖如也, 與與如也.
조 여하대부언 간간여야 여상대부언 은은여야 군재 축척여야 여여여야 나라의 제사에 참가하여 받은 고기는 하룻밤을 묵히지 않으셨고, 집에서 제사 지낸 고기는 사흘을 넘기지 않으셨으니, 사흘을 넘기면 드시지 않으셨다.

○ 특히 나라의 제사에 참가하여 받은 고기는 하룻밤을 묵히지 않아 더욱 공경함을 보였다는 말이다. 고기는 사흘을 넘기면 부패하게 마련이다. 이는 조상신이 흠향하고 남은 것을 함부로 대하는 것이므로 감히 버리는 일이 없도록 했다는 말이다.

祭於公, 不宿肉, 祭肉, 不出三日, 出三日, 不食之矣.
제어공 불숙육 제육 불출삼일 출삼일 불식지의

04

비록 채소밥 나물국이라도 반드시 제사하고, 반드시 재계하듯
공경을 다하셨다.

○ 모든 음식을 처음 먹을 때 조금씩 덜어서 그릇 사이에 놓아
음식을 내려준 것에 감사하는 마음을 표현했으며, 이때도 목
욕재계하듯 공경을 다했다는 말이다.

雖疏食菜羹, 必祭, 必齊如也.
수소식채갱 필제 필재여야

05

마구간에 불이 났다. 선생께서 말씀하셨다.
"사람은 다치지 않았느냐?" 말은 묻지 않으셨다.

○ 마구간에 불이 났다는 소식을 듣고 가장 먼저 사람은 다치
지 않았는지 물었다는 것이다.

廏焚, 子退朝, 曰: "傷人乎?" 不問馬.
구분 자퇴조 왈 상인호 불문마

왕이 먹을 것을 내려주면 반드시 자리를 바르게 한 다음 먼저 맛을 보시었고, 왕이 날것을 내려주면 반드시 익혀서 조상에게 먼저 올리셨고, 왕이 산 것을 내려주면 반드시 기르셨다. 왕을 모시고 식사하게 되어서, 왕이 제례를 올리면 반드시 먼저 시식하셨다.

○ 왕이 먹을 것을 줄 때 자리를 바르게 하는 것은 공손함의 표현이요, 먼저 맛을 보는 것은 음식을 준 것에 대한 예의이다. 조상에게 먼저 올렸다는 것은 임금의 은혜를 입은 소중한 음식이므로 제사를 올려 조상이 먼저 드시게 했다는 말이다. 왕과 식사를 하게 되어서, 식사 전 의례로 왕이 제사를 올리면 공자는 시식의 의미로 먼저 맛을 보았다는 말이다.

君賜食,必正席先嘗之,君賜腥,必熟而薦之,君賜生,必畜之.
군사식 필정석선상지 군사성 필숙이천지 군사생 필축지

侍食於君,君祭,先飯.
시식어군 군제 선반

07

친구가 죽었는데 의지할 곳이 없으면 "우리 집에 빈소를 차려라"라고 하셨다.

○ 고인을 보내는 마음에서 우러나는 상례와 장례를 중시한 공자는 친구가 사망했을 때 상례를 진행할 장소가 없으면 자기 집에서 진행하도록 했다는 말이다.

朋友死, 無所歸, 曰: "於我殯."
붕우사 무소귀 왈 어아빈

08

친구가 보내준 것은 비록 수레나 말일지라도, 제육이 아니면 절하지 않으셨다.

○ 친구를 사귀는 모습을 말했다. 선물을 보내면 답례하는 것이 예법이었지만, 친구끼리는 서로 재물을 보내고 도와주는 예가 있기 때문에, 아무리 큰 선물을 보내도 제육이 아니면 절하지 않았다는 말이다.

朋友之饋, 雖車馬, 非祭肉, 不拜.
붕우지궤 수거마 비제육 불배

상복 입은 사람을 보면 알던 사이라도 반드시 자세와 표정을 바꾸어 애도를 표했다. 예모 쓴 사람과 맹인을 보면 자주 보던 사이라도 반드시 예의를 갖추었다. 마차를 타고 가다 상복 입은 사람을 보면 앞 손잡이를 잡고 몸을 숙여 인사했고, 국가의 문서를 지고 가는 사람을 보면 역시 앞 손잡이를 잡고 몸을 숙여 인사했다. 성찬이 차려져 있으면 반드시 안색을 고치고 일어나 감사를 표했다. 천둥이 치고 폭풍이 불면 반드시 안색을 고쳤다.

○ 상복을 입은 사람은 슬픈 일을 당한 사람으로, 공자는 길에서 이들을 만나면 어떻게든 애도의 뜻을 표시했다는 말이다. 부판負版은 글씨를 적고 그림을 그린 목간 문서를 말한다. 여기서는 국가 경영에 필요한 문서를 이고 지고 다니는 사람을 말한다. 공자는 공무를 수행하느라 수고하는 사람을 보면 경의를 표했다는 말이다.

見齊衰者, 雖狎, 必變. 見冕者與瞽者, 雖褻, 必以貌.
견자최자 수압 필변 견면자여고자 수설 필이모

凶服者式之. 式負版者.
흉복자식지 식부판자

有盛饌, 必變色而作.
유성찬 필변색이작

迅雷風烈必變.
신뢰풍렬필변

제11편

선진
(先進)

01

선생께서 말씀하셨다.

"먼저 예악의 세계로 나아간 사람은 평민이고, 뒤에 예악의 세계로 나아간 사람은 귀족이면, 만약 그중에서 등용하라고 한다면, 나는 먼저 예악의 세계로 나아간 사람을 선택할 것이다."

○ 이 부분에 대해서는 예로부터 설이 분분하여, 그중 하나를 취했다. 원문에서 야인은 신분상 평범한 사람을 말하고, 군자는 귀족을 말한다. 관리가 되려면 예악을 알아야 했다. 평범한 사람은 일단 먼저 예악을 알아야 관리가 될 수 있었던 반면, 귀족은 먼저 관리가 되고 나서 예악을 알게 된다. 둘 중 하나를 선택 임용하라고 한다면 공자는 먼저 예악을 알게 된 사람을 선택한다고 말한 것이다.

처음 읽는 논어

子曰: "先進於禮樂, 野人也, 後進於禮樂, 君子也, 如用之, 則吾從先進."
자왈 선진어예악 야인야 후진어예악 군자야 여용지 즉오종선진 덕행에 뛰어난 제자는 안연·민자건·염백우·중궁이요, 언어에 뛰어난 제자는 재아·자공이요, 정치에 뛰어난 제자는 염유·계로요, 문학에 뛰어난 제자는 자유·자하였다.

○ 비록 세상에 중용되지는 못했지만, 동고동락한 제자 중에는 저마다 자기 장점과 능력이 있음을 밝힌 것이다.《논어》에 기록된 이들의 언행을 보면 공자의 평가와 대체로 일치한다. 제자들의 장점을 북돋아 주고 단점을 보완하게 한 공자의 탁월한 교육 방법 또한 살펴볼 수 있다. 덕행·언어·정치·문학 네 가지는 후세에도 공문사과孔門四科라고 하여 대단히 중시된 학문 분야이다.

德行, 顔淵·閔子騫·冉伯牛·仲弓, 言語, 宰我·子貢, 政事, 冉有·季路, 文學,
덕행 안연 민자건 염백우 중궁 언어 재아 자공 정사 염유 계로 문학

子游·子夏.
자유 자하

선생께서 말씀하셨다.

"안회는 나에게 도움이 되는 자가 아니었다. 나의 말에 기뻐하지 않는 바가 없었다."

○ 안회는 말수가 적었다. 게다가 공자가 말을 하면 잘 이해하여 더 이상 질문하는 법이 없었으며, 공자가 어떤 의견을 내놓으면 그도 찬성하여 더 이상 반론하는 법이 없었다. 공자는 이를 두고 유머 섞인 표현으로 도움이 되는 자가 아니라고 한 것이다.

子曰: "回也, 非助我者也, 於吾言, 無所不說."
자왈 회야 비조아자야 어오언 무소불열

남용이 〈백규〉라는 시를 세 번 반복해서 외우자, 선생께서는 형
님의 딸을 남용에게 시집보내셨다.

○ 남용은 남궁괄南宮括이다. 《시경》〈대아〉 억抑 편의 시에
"백옥 홀에 난 흠집은 갈아 없앨 수 있지만, 말에 생긴 이 흠집
은 없앨 수 없으리라白圭之玷, 尙可磨也, 斯言之玷, 不可爲也"라는
시가 있다. 공자는 남용이 이 시를 세 번 반복해서 외우는 것을
보고, 그만큼 말에 신중을 기하는 사람은 믿을 만하다고 여겼
기 때문에 형의 딸을 시집보낸 것이다.

南容三復白圭, 孔子以其兄之子妻之.
남용삼복백규 공자이기형지자처지

안연이 죽자 안연의 부친 안로가 선생의 마차를 팔아 외곽外槨을 마련해달라고 부탁했다.

선생께서 말씀하셨다.

"재능이 있건 없건 역시 각각 자기 자식이다. (나의 아들) 리가 죽었을 때에도 내관만 쓰고 외곽은 쓰지 않았다. 나는 걸어 다니면서 외곽을 쓸 수는 없다. 나는 대부를 지낸 경력이 있으므로 걸어 다니면 안 된다."

○ 안로는 안회의 아버지다. 《사기》 기록에 따르면, 이름이 무요無繇, 자가 로路이며, 역시 공자의 제자였다. 관을 이중으로 쓰는 경우 안쪽 것을 '관棺'이라고 하고 바깥 것을 '곽槨'이라고 했다. 리鯉는 공자의 아들로, 50세에 사망했다고 한다.

顔淵死, 顔路請子之車以爲之槨. 子曰: "才不才, 亦各言其子也. 鯉也死,
안연사 안로청자지거이위지곽 자왈 재부재 역각언기자야 리야사

有棺而無槨. 吾不徒行以爲之槨. 以吾從大夫之後, 不可徒行也."
유관이무곽 오불도행이위지곽 이오종대부지후 불가도행야

안연이 죽자 선생께서 너무 통곡을 하셨다. 수행한 제자가 말했다. "선생께서는 너무 통곡을 하셨습니다." 선생께서 말씀하셨다. "내가 너무 통곡하였느냐? 이 사람을 통곡하지 않으면, 누구를 통곡하겠느냐?"

○ 사람이 죽으면 고인 영전에서 곡을 하는 것이 예이다. 그런데 공자는 안연 영전에서 곡의 정도를 넘어 통곡을 했다. 통곡을 한 것은 너무 정도를 넘어섰으니 예에 어긋난 것이 아닌가 하여 수행한 제자가 공자에게 말한 것이다. 공자의 대답은 안연 같은 제자의 죽음에 예를 따져 곡할 겨를이 없을 만큼 슬펐음을 말해 준다.

顔淵死, 子哭之慟, 從者曰: "子慟矣." 曰: "有慟乎, 非夫人之爲慟, 而誰爲."
안연사 자곡지통 종자왈 자통의 왈 유통호 비부인지위통 이수위

안연이 죽어 문인들이 후하게 장례하려 했다. 선생께서 말씀하셨다. "안 된다." 문인들은 후하게 장사 지냈다. 선생께서 말씀하셨다. "안회는 나를 아버지처럼 생각했는데, 나는 아들처럼 볼 수 없게 되었구나. 이는 나 때문이 아니라, 바로 너희들 때문이다."

○ 안연의 죽음이 공자에게만 슬픈 것은 아니었다. 공자에게 인정받을 만큼 학문과 덕행이 뛰어났던 안연은 다른 제자들에게도 존경과 사랑을 받았다. 그래서 제자들은 안연의 장례를 후하게 지내고자 했다. 그러나 공자는 이를 허락하지 않았다. 안연의 죽음을 누구보다도 슬퍼했던 공자였지만 그의 장례를 분수에 맞지 않게 호화스럽게 치르는 것은 부당했기 때문이다. 그러나 제자들은 공자의 가르침을 따르지 않고, 안연의 장례를 후하게 치렀다. 제자들이 도에 어긋나게 안연의 장례를 치른 것에 대해 심히 원망하며 한 말이다.

처음 읽는 논어

顔淵死, 門人欲厚葬之, 子曰: "不可." 門人厚葬之.
안연사 문인욕후장지 자왈 불가 문인후장지

子曰: "回也視予猶父也, 予不得視猶子也, 非我也, 夫二三子也."
자왈 회야시여유부야 여부득시유자야 비아야 부이삼자야

08

계로가 귀신을 섬기는 것에 대해 물었다. 선생께서 말씀하셨다. "아직 사람도 제대로 섬기지 못하는데, 어찌 귀신을 섬길 수 있겠느냐?" "감히 죽음에 대해 묻겠습니다." "아직 사는 것도 제대로 모르는데, 어찌 죽음을 알겠느냐?"

○ 계로는 중유仲由, 즉 자로이다. '아직 사람도 제대로 섬기지 못하는데 어찌 귀신을 섬길 수 있겠느냐'고 한 것은 이 세상을 살아가는 사람으로서의 일도 제대로 하지 못했는데 어찌 귀신의 일에 눈을 돌릴 겨를이 있겠느냐는 말이다. 이는 앞에서 말한 '사람이 행해야 할 옳은 일에 힘쓰고, 귀신을 공경하되 멀리하면 지혜롭다 할 수 있다'는 것과 같은 맥락이다.

귀신을 부정하는 것이 아니라, 이 세상을 살아가는 결코 길지 않은 기간 동안 어떻게 살아갈 것인가에 우선은 눈을 돌려야 한다는 말이다. 죽음에 대한 물음에 '아직 사는 것도 제대로 모르는데 어찌 죽음을 알겠느냐'고 한 것도 이런 맥락에서 한 말이다. 인간의 힘으로 어쩔 수 없는 것에 매달려서 사실은 가장 중요한 삶의 순간순간을 그르치는 일이 없게 하기 위함이다.

211

季路問事鬼神, 子曰, 未能事人, 焉能事鬼, 敢問死, 曰, 未知生, 焉知死.
계로문사귀신 자왈 미능사인 언능사귀 감문사 왈 미지생 언지사

민자건은 공자를 곁에서 모시는 태도가 바르고 단정한 태도였
고, 자로는 강직한 태도였고, 염유와 자공은 화락한 태도였다.
선생께서 즐거워하며 말씀하셨다.
"유由와 같이 하면, 제대로 수명을 누리지 못하고 죽겠다."

○ 제자의 성격과 특징이 서로 다르기 때문에 평소 공자를 모
시는 태도도 다르게 나타남을 말했다. 공자는 제자의 이런 모
습에 즐거워하면서, 한편 자로가 남달리 용기 있고 강직하기
때문에 후환을 입을까 염려하여 마지막 말을 한 것이다.

閔子侍側, 誾誾如也, 子路, 行行如也, 冉有子貢, 侃侃如也, 子樂: "若由也,
민자시측 은은여야 자로 행행여야 염유자공 간간여야 자락 약유야

不得其死然."
부득기사연

선생께서 말씀하셨다. "자로는 비파를 어찌 내 집 문 앞에서 연주하는가?" 문인들이 자로를 공경하지 않자, 선생께서 말씀하셨다. "자로는 이미 당堂에는 올라왔고, 아직 방에는 들어오지 않았다."

○ 자로가 음악을 공부하여, 그 실력을 자랑하기 위해 공자의 방 문 앞에서 비파를 연주했는데, 신통치 않았던 듯하다. 그래서 공자는 그 실력이 아직 멀었음을 위와 같이 말했다.

이후 다른 제자들이 자로를 대하는 태도가 달라졌다. 언제나 곁에서 공자를 모시며 공자의 애정을 듬뿍 받던 자로를 존중하고 흠모해 왔는데, 위와 같이 심하게 비난을 받자 평소의 태도가 싹 달라진 것이다. 이를 안타깝게 여긴 공자가 다시 '자로는 이미 당堂에는 올라왔고 아직 방에는 들어오지 않았다'고 비유하여 말함으로써 자로에 대한 다른 제자들의 태도를 돌리려 한 것이다. 즉, 자로의 비파 연주는 그렇게 아주 형편없었던 것이 아니라, 어느 정도 경지에 도달했으되 아직 완성된 단계는 아니라고 말한 것이다. 자로에 대한 공자의 애정을 볼 수 있다.

子曰: "由之瑟, 奚爲於丘之門?" 門人不敬子路, 子曰: "由也, 升堂矣,
자왈 유지슬 혜위어구지문   문인불경자로 자왈 유야 승당의

未入於室也."
미입어실야

자공이 물었다. "자장과 자하 중 누가 낫습니까?"

선생께서 말씀하셨다. "자장은 지나치고, 자하는 모자라다." "그러면 자장이 나은 것입니까?" 선생께서 말씀하셨다. "지나친 것은 모자란 것과 같다."

○ 자공은 사람을 비교하여 평론하는 것을 좋아하여, 자장과 자하를 비교하면 누가 나은가를 물었다. 자장은 지나치고 자하는 모자라다는 평가에, 자공은 지나친 것이 그래도 모자란 것보다 나으리라고 생각했다. 이에 공자는 지나침은 모자람과 마찬가지라고 한 것이다. 공자가 최상으로 여긴 것은 지나침도 모자람도 없는 상태, 즉 중용이었다.

子貢問: "師與商也孰賢?"
자공문 사여상야숙현

子曰: "師也, 過, 商也, 不及."
자왈 사야 과 상야 불급

曰: "然則師愈與?"
왈 연즉사유여

子曰: "過猶不及."
자왈 과유불급

12

계씨가 주공보다 부유했는데, 염구는 그를 위해 세금을 거두어 더 늘려주었다. 선생께서 말씀하셨다. "그는 우리 무리가 아니다. 얘들아, 북을 울려 공격하는 것이 옳다."

○ 계씨는 당시 노나라의 실권을 쥐고 있던 계강자季康子이다. 그는 노나라의 실권을 쥐고 많은 부를 축적하여 그 부유함이 주공보다 더했다. 그런데 이에 만족하지 하고 세금 제도를 개편하여 더 많은 세금을 거두어들이려 했다. 이 일을 맡은 사람이 공자의 제자였던 염구이다. 공자는 염구가 계씨의 탐욕을 채우려는 정책을 막지는 못할망정 그 일을 도와 추진한 것에 대단히 분개하여, 자신의 제자임을 부정하고, 제자들에게 그를 비난하고 성토하게 한 것이다. 옛날에 전쟁을 할 때는 먼저 북을 울려 상대방의 죄를 성토하고 공격했다.

季氏富於周公, 而求也爲之聚斂而附益之, 子曰: "非吾徒也, 小子,
계씨부어주공 이구야위지취렴이부익지 자왈 비오도야 소자

鳴鼓而攻之可也."
명고이공지가야

13

시는 어리석고, 삼은 노둔하고, 사는 한 쪽만 잘하고, 유는 거칠다.

○ 역시 제자들의 특징을 말하여, 각자의 장점을 살리고 단점을 보완하게 한 말이다. 시柴는 자고子羔, 삼參은 증삼曾參, 사師는 자장子張, 유由는 자로이다.

어리석다는 것은 남다른 덕망을 지녔으되 지식이 부족하다는 말이다. 노둔하다는 것은 하나만 성실하게 파고들 뿐 이것저것 다양하게 잘하는 지혜는 없다는 말이다. 한 쪽만 잘한다는 것은 겉으로 드러나는 용모와 행동거지에만 신경 쓸 뿐 내면을 충실하게 다지는 성실성이 부족하다는 말이다. 거칠다는 것은 굳세고 용맹하다는 말이다.

柴也愚, 參也魯, 師也辟, 由也喭.
시야우 삼야노 사야벽 유야언

14

선생께서 광 지방에서 위험에 처하셨을 때, 안연이 뒤에 처졌다
가 이윽고 따라잡아오자 선생께서 말씀하셨다. "나는 네가 죽은
줄 알았다." 안연이 말했다. "선생께서 살아 계신데, 제가 어떻게
감히 죽겠습니까?"

○ 〈자한〉 편 4장에서, 공자가 위衛나라를 떠나 진陳나라로 가
는 도중 광 지방에서 봉변을 당할 뻔한 이야기가 나왔었다. 그
당시 안연이 일행보다 뒤처져 있었는데, 나중에 따라잡아오자
공자가 위와 같이 말한 것이다. 일설에 따르면 "내가 너를 죽게
하는 구나"라고 풀이하여, 공자는 차라리 안연이 계속 뒤처져
있어서 화를 면하기를 바랐다고 풀이하기도 하였다.

子畏於匡, 顔淵後, 子曰: "吾以女爲死矣." 曰: "子在, 回何敢死?"
자외어광 안연후 자왈 오이여위사의 왈 자재 회하감사

15

자로가 자고를 비읍의 읍재로 일하도록 했다. 선생께서 말씀하
셨다. "남의 자식을 망치는구나." 자로가 말했다. "그곳에 백성이
있고, 사직이 있는데, 어찌 꼭 글을 읽은 다음에 정치를 배워야
한다고 할 수 있습니까?" 선생께서 말씀하셨다. "그러므로 나는
말만 잘하는 사람을 싫어한다."

○ 공자는 자로가 남다른 덕망은 있으나 배운 것이 없어 어리
석다는 것을 단점으로 지적한 바 있다. 자로는 계씨의 신하로
등용되었는데, 아직 공부해야 할 것이 많은 자고를 비읍의 읍
재로 삼으려고 하자 공자가 '남의 자식을 망친다'고 한 것이다.
이에 자로는 학문이란 정치에 참여하기 위해 연마하는 것인데
어찌 굳이 책을 통해서만 배울 필요가 있으며, 실제로 정치에
참여할 기회가 주어지면 그 기회를 통해 배우는 것도 한 방법
이 아니냐고 물은 것이다. 의외로 논리정연하고 반드시 틀렸
다고 할 수 없는 자로의 말에 공자는 한편 긍정하고 한편 경계
하는 의미에서 위와 같이 말했다.

子路使子羔爲費宰, 子曰: "賊夫人之子." 子路曰: "有民人焉, 有社稷焉,
자로사자고위비재 자왈 적부인지자 자로왈 유민인언 유사직언

何必讀書然後爲學?" 子曰: "是故, 惡夫佞者."
하필독서연후위학 자왈 시고 오부녕자

안연
(顔淵)

안연이 인仁에 대해 물었다. 선생께서 말씀하셨다.

"자기를 이기고 예로 돌아가는 것이 인을 실현하는 것이다. 하루라도 자기를 이기고 예로 돌아가면, 천하 사람들이 인으로 돌아갈 것이다. 인을 실현하는 것은 자기로부터 시작된다. 남으로부터 시작되겠는가?" 안연이 말했다. "그 조목을 들려주시기를 청합니다." 선생께서 말씀하셨다. "예가 아니면 보지 말고, 예가 아니면 듣지 말고, 예가 아니면 말하지 말고, 예가 아니면 행하지 말라." 안연이 말했다. "제가 비록 영민하지 못하지만, 이 말씀을 잘 따르겠습니다."

○ 인仁에 대한 안연의 질문에 공자는 '극기복례克己復禮', 즉, '자기를 이기고 예로 돌아가는 것'이라고 했다. 이는 다시 말하면 사람마다 있을 수 있는 나태와 탐욕의 유혹을 이기고, 이미 땅에 떨어진 인간의 행동 규범, 즉 예를 회복해야 한다는 말이다. 공자는 인을 여러 가지 말로 설명했거니와, '극기복례'는 그중의 정수라고 할 만하다. 또한 하루라도 자기를 이기고 예로 돌아가면 천하 사람들이 인으로 돌아갈 것이라고 했다. 천하 사람들이 인으로 돌아갈 것이라는 말은 너도나도 인과 함께할 것이라는 말이다. 그만큼 도덕이 땅에 떨어진 것을 개탄한 것이요, 도덕성 회복을 절실하게 외친 것이다.

이는 또한 남에게 미루지 말고 너나 할 것 없이 자기 자신부터 시작해야 함을 말했다. 앞에서도 '인은 멀리 있지 않으니, 내가 인을 이루고자 하면 이에 인이 이르리라'고 말한 바 있거니와, 남의 잘못을 헐뜯고 세상의 혼탁함을 비판하기 전에 저마다 바른 생활을 위해 매진한다면 어느덧 온 세상이 인을 회복하여 화평하게 된 것을 볼 수 있으리라는 말이다.

'조목'은 '극기복례'를 실현하기 위해 지켜야 할 구체적인 항목 또는 조건을 말한다. 즉 '극기복례'가 인을 실현하는 큰 문이라면, 이 네 조목은 그 문을 들어가기 위한 열쇠이다. 안연은 '극기복례'가 인을 실행하는 길이라는 공자의 말을 받아들여, 구체적으로 그것을 실현하기 위한 항목을 들려달라고 한 것이다. 이에 대해 공자는 보고, 듣고, 말하고, 행하는, 사람의 모든 일거수일투족에 예가 있어, 이를 지키고 따르는 것이 중요하다고 말했다.

顏淵問仁, 子曰:"克己復禮爲仁, 一日克己復禮, 天下歸仁焉, 爲仁由己,
안연문인 자왈 극기복례위인 일일극기복례 천하귀인언 위인유기

而由人乎哉?"
이유인호재

顏淵曰:"請問其目."
안연왈 청문기목

子曰:"非禮勿視, 非禮勿聽, 非禮勿言, 非禮勿動."
자왈 비례물시 비례물청 비례물언 비례물동

顏淵曰:"回雖不敏, 請事斯語矣."
안연왈 회수불민 청사사어의

02

중궁이 인에 대해 물었다. 선생께서 말씀하셨다. "집 문을 나서면 누구에게라도 큰 손님을 맞이하듯 대하고, 백성에게 일을 시킬 때는 큰 제사를 받들듯이 하며, 자기가 하고 싶지 않은 것을 남에게 시키지 않으면, 나라에 원망하는 사람이 없을 것이요, 집안에 원망하는 사람이 없을 것이다." 중궁이 말했다. "제가 비록 영민하지 못하지만, 이 말씀을 잘 따르겠습니다."

○ 중궁은 비록 출신은 미천했지만 덕행이 뛰어나 군주의 자리에 앉게 할 수 있을 만한 제자라고 공자가 칭찬한 바 있다. 큰 손님은 국빈을 말한다. 공자는 인을 실천하는 방법으로 중궁에게 세 가지를 말했다. 사람을 대할 때는 국빈을 대하듯이 정성을 다해야 하는 것이 첫 번째요, 백성에게 일을 시킬 때는 제사를 모시듯이 경건하고 신중하게 해야 한다는 것이 두 번째요, '자기가 하고 싶지 않은 것을 남에게 시키지 마라'는 것이 세 번째다. 이중에서 인을 실천하는 조목에 대한 공자의 말 중 대표적으로 인용되는 것이 세 번째이다. 사람은 누구나 하기 싫고 힘든 일을 남에게 미루게 마련인데, 이런 마음을 버리고 솔선수범하는 것이 인을 실천하는 중요한 조목임을 말한 것이다.

222

처음 읽는 논어

仲弓問仁, 子曰: "出門如見大賓, 使民如承大祭, 己所不欲, 勿施於人,
중궁문인 자왈 출문여견대빈 사민여승대제 기소불욕 물시어인

在邦無怨, 在家無怨." 仲弓曰: "雍雖不敏, 請事斯語矣."
재방무원 재가무원 중궁왈 옹수불민 청사사어의

사마우가 인에 대해 물었다. 선생께서 말씀하셨다. "인이란 말을 할 때 말하기 어려운 듯이 하는 것이다." "말을 할 때 말하기 어려운 듯이 하기만 하면, 인이라고 할 수 있겠습니까?" 선생께서 말씀하셨다. "그것은 행하기 어렵다. 말을 할 때 말하기 어려운 듯이 할 수 있겠느냐?"

○ 말하기 어려운 듯이 하라는 것은 말을 신중하고 조심스럽게 하라는 말이다. 사마우는 조급하고 말이 많았다고 한다. 공자는 그런 사마우의 성격이 인을 실천하는 데 가장 큰 장애가 된다고 생각하여 위와 같이 말했다. 공자는 안연, 중궁, 사마우의 인에 대한 질문에 각각 다르게 대답했다. 모두 인을 실천하는 덕목임은 당연하다. 다만 제자의 성격과 장단점에 따라 가장 절실한 것을 알기 쉽게 말했을 뿐이다.

司馬牛問仁, 子曰: "仁者, 其言也訒." 曰: "其言也訒, 斯謂之仁矣乎?"
사마우문인 자왈 인자 기언야인 왈 기언야인 사위지인의호

子曰: "爲之難, 言之得無訒乎?"
자왈 위지난 언지득무인호

사마우가 군자에 대해 물었다. 선생께서 말씀하셨다. "군자는 근심하지 않고 두려워하지 않는다." "근심하지 않고 두려워하지 않기만 하면, 군자라고 할 수 있겠습니까?" 선생께서 말씀하셨다. "자기 내면을 살펴보아서 잘못이 없으면, 무엇을 근심하고 무엇을 두려워하겠느냐?"

○ 사마우는 공자를 죽이려고 했던 宋나라의 사마 환퇴桓魋의 동생이다. 모두 오 형제였는데, 송나라 권력 투쟁의 와중에서 형제끼리 공격하고 도망하는 악순환을 거듭하여, 일부는 죽고 일부는 뿔뿔이 도망 다니는 처지가 되었다. 공자는 이런 사마우의 사정을 알고, 근심하지 않고 두려워하지 말라는 말로 위로하고 가르치려 했다.

말하기 어려운 듯이 말을 하는 것이 인을 실천하는 길이라는 공자의 말에 그것만 행하면 인을 실천하는 것이냐고 반문했던 사마우는, 근심하지 않고 두려워하지 않기만 하면 군자라고 할 수 있느냐고 다시 반문했다. 그의 조급한 성격을 보여준다. 공자는 이에 자신에게 잘못이 없어야 근심과 공포가 없게 된다고 말하여 결코 쉽지 않음을 깨우치게 했다.

司馬牛問君子, 子曰: "君子, 不憂不懼."
사마우문군자 자왈 군자 불우불구

曰: "不憂不懼, 斯謂之君子矣乎?"
왈 불우불구 사위지군자의호

子曰: "內省不疚, 夫何憂何懼?"
자왈 내성불구 부하우하구

사마우가 근심하며 말했다. "사람들은 모두 형제가 있는데, 나만 홀로 없구나." 자하가 말했다. "내가 듣자 하니, 죽고 사는 것에는 천명이 있고, 부귀하게 되는 것은 하늘에 달려 있다 한다. 군자가 공경을 다하여 실수하는 바가 없고, 사람들과 어울릴 때 공손하고 예가 있으면, 사해 안의 사람들이 모두 형제가 되리니, 군자가 어찌 형제가 없는 것을 근심하겠느냐?"

○ 송나라 권력 투쟁의 와중에서 사마우의 오 형제가 죽거나 뿔뿔이 흩어진 것을 앞서 말했으니, 사마우는 이를 매우 가슴 아파했다. 죽고 사는 것에는 천명이 있고 부귀하게 되는 것은 하늘에 달려 있다는 말은 당시 유행하던 속담의 일종일 것이다. 즉, 인생을 달관하는 태도를 말한 것으로, 살고 죽는 것과 부유하고 존귀하게 되는 것은 억지로 추구해서 되는 것이 아니라는 말이다. 사실 자하가 사마우에게 하는 말의 요지는 그다음의 말에 있다. 생사와 부귀는 억지로 추구해서 되는 것이 아니므로 군자가 추구해야 할 것은 자신에게 허물이 없게 하고 공손과 공경을 다해 사람들에게 예를 다하며 사귀어야 한다는 말이다. 그러면 바르고 원만한 인간관계가 이루어져 세상 어느 누구도 형제가 아닌 사람이 없게 된다는 말이다.

225

제12편 안연(顔淵)

司馬牛憂曰: "人皆有兄弟, 我獨亡."
사마우우왈   인개유형제 아독무

子夏曰: "商聞之矣, 死生有命, 富貴在天, 君子敬而無失, 與人恭而有禮,
자하왈   상문지의 사생유명 부귀재천 군자경이무실 여인공이유례

四海之內皆兄弟也, 君子何患乎無兄弟也?"
사해지내개형제야 군자하환호무형제야

06

무엇이 현명한 것인지 자장이 물었다. 선생께서 말씀하셨다. "물이 스며들 듯 하는 참소와 피부에 와 닿는 하소연이 행해지지 않으면 현명하다 할 수 있을 것이다. 물이 스며들 듯 하는 참소와 피부에 와 닿는 하소연이 행해지지 않으면 멀리 내다본다 할 수 있을 것이다."

○ 물이 스며들 듯 하는 참소란 천에 물이 스며들 듯 눈치 채지 않게 살며시 하는 참소로, 그것이 참소인지 여부를 알아내기가 무척 곤란하다. 피부에 와 닿는 하소연이란, 예를 들면 미인이 눈물을 흘리며 하소연하거나 형제나 친구가 정분을 내세워 하소연하듯 감정을 자극하여 이성적으로 판단하고 행동하지 못하게 하는 하소연으로, 그것을 이겨내기란 역시 대단히 힘들다. 두 가지를 판별하여 바르게 처리할 수 있다면 현명한 것이며, 이는 나아가 원대한 식견을 가진 사람이라고 할 수 있다는 말이다.

子張問明, 子曰: "浸潤之讒, 膚受之愬, 不行焉, 可謂明也已矣. 浸潤之讒,
자장문명 자왈 침윤지참 부수지소 불행언 가위명야이의 침윤지참

膚受之愬, 不行焉, 可謂遠也已矣."
부수지소 불행언 가위원야이의

자공이 정치에 대해서 물었다. 선생께서 말씀하셨다. "먹을 것이 풍족하고, 적을 방비할 무기가 풍족하고, 백성들이 믿고 따르게 하는 것이다." 자공이 말했다. "부득이하게 꼭 한 가지를 포기해야 한다면, 이 세 가지 중 무엇을 먼저 포기합니까?" "무기 갖추는 것을 포기한다." 자공이 말했다. "부득이하게 꼭 한 가지를 포기해야 한다면, 이 두 가지 중 무엇을 먼저 포기합니까?" "먹을 것을 포기한다. 옛부터 사람에게는 누구나 죽음이 있으되, 백성들이 믿음이 없으면, 왕의 자리에 설 수 없다."

○ 공자는 바른 정치의 요건으로 경제적인 풍요를 이루고, 외침의 위협으로부터 보호하고, 민심을 얻는 것을 꼽았다. 자공은 세 가지를 한꺼번에 이룰 수 없다면 무엇을 나중에 해도 되겠느냐고 물은 것이다. 공자는 군사적 안정을 뒤로 미루라고 했다. 경제적 풍요를 이루는 것과 민심을 얻는 것 중에서 또한 급선무를 물은 것이다. 공자는 우선 민심을 얻어야 한다고 했다. 진심으로 지도자를 믿고 따른다면 잠시의 빈곤은 견딜 수 있으며, 외적이 침입하면 맨손으로도 나가 싸울 것이기 때문이다.

子貢問政, 子曰: "足食, 足兵, 民信之矣." 子貢曰: "必不得已而去, 於斯三者,
자공문정 자왈 족식 족병 민신지의 자공왈 필부득이이거 어사삼자

何先?" 曰: "去兵." 子貢曰: "必不得已而去, 於斯二者, 何先?" 曰: "去食. 自古,
하선 왈 거병 자공왈 필부득이이거 어사이자 하선 왈 거식 자고

皆有死, 民無信, 不立."
개유사 민무신 불립

애공이 유약에게 물었다. "올해 흉년이 들어 나라의 재정이 부족한데, 어떻게 해야 되겠습니까?" 유약이 대답했다. "어찌 수확의 10분의 1을 세금으로 받는 세법을 시행하지 않으십니까?" 애공이 말했다. "10분의 2를 받아도 나는 오히려 부족한데, 어떻게 10분의 1을 받는 세법을 시행하겠습니까?" 유약이 대답했다. "백성이 풍족하면 왕께서 누구와 함께 풍족하지 않으시겠으며, 백성이 풍족하지 않으면, 왕께서 누구와 함께 풍족하시겠습니까?"

○ 철徹은 옛부터 통용되던 세법, 즉 수확의 10분의 1을 세금으로 내던 제도를 말한다. 애공은 흉년 때문에 당장 국가 재정이 부족하여 세금을 올려서 충당하려는 의도에서 자공에게 물은 것이다. 흉년 때문이 아니라도 군주가 사욕을 채우기 위하여 백성에게 과중하게 세금을 매기는 일이 비일비재했다. 자공은 이것을 반대한 것이다. 즉, 백성이 풍족하면 군주는 저절로 풍족할 것이요, 백성이 풍족하지 않은데 군주가 홀로 풍족하려고 해서는 안 된다는 말이다.

哀公問於有若曰: "年饑, 用不足, 如之何?"
애공문어유약왈 넌기 용부족 여지하

有若對曰: "盍徹乎?"
유약대왈 합철호

曰: "二, 吾猶不足, 如之何其徹也?"
왈 이 오유부족 여지하기철야

對曰: "百姓足, 君孰與不足, 百姓不足, 君孰與足?"
대왈 백성족 군숙여부족 백성부족 군숙여족

제나라 경공이 정치에 대해 선생께 물었다. 선생께서 대답하셨다. "왕은 왕답고, 신하는 신하답고, 부모는 부모답고, 자식은 자식다워야 합니다." 경공이 말했다. "좋습니다! 참으로 왕이 왕답지 않고, 신하가 신하답지 않고, 부모가 부모답지 않고, 자식이 자식답지 않으면, 비록 곡식이 있어도 내가 먹을 수 있겠습니까?"

○ 공자는 사회가 혼란에 빠지는 근본 원인으로 사회의 각 구성원이 자기의 본분을 다하지 않는 것을 가장 먼저 들었다. 그래서 정치에 참여할 기회가 오면 가장 먼저 정명正名, 즉 명분을 바르게 하여 명실상부한 사회가 되도록 하겠다고 했다. 군신·부자 역할의 올바른 정립을 제창한 공자의 이 말은 그의 정명론正名論을 쉽고 적절하게 설명하고 있다. 군신은 나라의 기본 단위이며, 부자는 가정의 기본 단위이다. 임금과 신하가 각자의 본분을 다하지 않을 때 나라는 멸망하고, 부모와 자식이 각자의 본분을 다하지 않을 때 가정은 파탄된다.

경공은 공자의 말에 깊이 동조했다. 곡식이 있어도 먹을 수 있겠느냐는 말은 먹을 수 없다는 것으로, 임금, 신하, 부모, 자식이 자기 맡은 직분에 충실하지 않으면 서로를 무시하게 되고, 신하가 임금을 죽이고 자식이 부모를 죽이는 사태까지 발생하여, 나라는 결국 혼란에 빠져 망하게 된다는 말이다.

齊景公問政於孔子, 孔子對曰: "君君臣臣父父子子."
제경공문정어공자 공자대왈 군군신신부부자자

公曰: "善哉, 信如君不君臣不臣父不父子不子, 雖有粟, 吾得而食諸?"
공왈 선재 신여군불군신불신부불부자부자 수유속 오득이식저

10

선생께서 말씀하셨다.

"소송 내용을 듣고 판결하는 것은 내가 다른 사람과 다를 것이 없다. 반드시 이루고자 하는 것이 있다면, 소송 사건이 없게 하는 것이다."

○《대학》에도 같은 말이 나온다. 재판의 판결은 아주 중요한 것이어서 자칫 잘못하면 죄를 지은 사람이 응분의 벌을 받지 못하고 억울한 사람이 누명을 쓰기 쉽다.

공자는 소송 내용을 들어 잘잘못을 판결하는 것은 자기도 남 못지않지만 정말로 중요한 것은 이 세상에서 소송 사건이 없게 하는 것이라는 의미에서 위의 말을 했다. 근본적인 문제를 중시하여, 진정 살기 좋은 사회란 다툼이 없는 사회, 그래서 판사나 법전이 필요 없는 사회라고 한 것이다.

처음 읽는 논어

子曰: "聽訟, 吾猶人也, 必也, 使無訟乎."
자왈 청송 오유인야 필야 사무송호

11

자장이 정치에 대해서 묻자, 선생께서 말씀하셨다.
"관직에 있으면 게으르지 말고, 정성으로 실행해야 한다."

○ 거居는 관직에 있는 것을 말한다. 관직은 백성을 위해 일하라고 설치해 놓은 것이므로, 항상 백성을 위해 무엇을 어떻게할 것인가를 궁리하고 실천해야 한다는 말이다.

子張問政, 子曰:"居之無倦, 行之以忠."
자장문정 자왈 거지무권 행지이충

선생께서 말씀하셨다.

"군자는 남의 좋은 점을 이루게 해주고, 남의 나쁜 점을 이루지 못하게 하며, 소인은 이와 반대이다."

○ 군자는 끊임없는 자기 수양을 통해 인격을 완성하려는 사람이다. 그렇지만 군자의 수양은 자기 자신으로만 끝나지 않는다. 타인도 인격을 완성할 수 있도록 장점을 끌어 주고 단점을 지적하며 함께 나아가는 것이 군자라는 말이다. 소인은 오직 자기만의 이익과 행복을 추구하기 때문에, 남의 장점을 시기하고 단점을 들춰낸다.

子曰: "君子成人之美, 不成人之惡, 小人反是."
자왈 군자성인지미 불성인지악 소인반시

계강자가 선생에게 정치에 대해서 물었다.

선생께서 대답하셨다.

"정치라는 것은 바르게 하는 것입니다. 대부께서 바른 것으로 이
끌면, 누가 감히 바르게 되지 않겠습니까?"

○ 옛부터 정치를 한 마디로 '바르게 하는 것'이라고 정의했
다. 정政과 정正의 음이 같기 때문이다. 계강자의 질문에 대한
공자의 대답은 통례를 따른 것이되 정곡을 찌르고 있다. 계강
자 스스로 무도함을 반성하고 바른 것을 보여 솔선수범하게
한 것이다.

季康子問政於孔子, 孔子對曰: "政者, 正也, 子帥以正, 孰敢不正?"
계강자문정어공자 공자대왈 정자 정야 자솔이정 숙감부정

계강자가 선생에게 정치에 대해 물었다. "만약 무도한 자를 죽여서, 사람들이 도가 있는 곳으로 나아가게 한다면, 어떻습니까? 선생께서 대답하셨다.

"정치를 하는데 어찌 죽이는 방법을 쓰시려고 합니까? 대부께서 선하게 되려 하면 백성은 선해질 것입니다. 군자의 덕은 바람과 같고 소인의 덕은 풀과 같습니다. 풀 위로 바람이 불면 풀은 반드시 기울어질 것입니다."

○ 앞에서 도둑이 들끓는 것에 속을 썩던 계강자의 질문에 공자는 스스로 탐욕을 버리고 바른길로 나아가면 도둑은 저절로 없어질 것이라고 말했다. 그런데 계강자는 그것을 따르려 하지 않고 가혹한 형벌을 동원하여 도둑을 막으려고 했다. 무도한 자가 들끓는 근본 원인을 모르고 말단적인 대책에만 열을 올리려는 것이다.

공자의 답변은 시종일관 계강자의 반성과 솔선수범을 촉구했다. 그러나 계강자는 공자의 충고를 따를 만한 위인이 되지 못하여, 나중에 결국 실각했다. 옛부터 있어온 말인 듯하지만, 군자 또는 통치자를 바람에 비유하고 소인 또는 통치를 받는 사람들을 풀에 비유한 위의 말은 이후 많이 인용되었다.

季康子問政於孔子曰: "如殺無道, 以就有道, 何如?"
계강자문정어공자왈 여살무도 이취유도 하여

孔子對曰: "爲政, 焉用殺? 子欲善, 而民善矣, 君子之德, 風, 小人之德, 草,
공자대왈 위정 언용살 자욕선 이민선의 군자지덕 풍 소인지덕 초

草上之風, 必偃."
초상지풍 필언

15

자장이 물었다.

"사람이 어떻게 되어야, 통달했다고 할 수 있겠습니까?"

선생께서 말씀하셨다.

"네가 말하는 통달했다는 것은 무엇을 말하는 것인가?"

자장이 대답했다.

"나라에 반드시 좋은 소문이 들리고, 집안에 반드시 좋은 소문이 들리는 것입니다."

선생께서 말씀하셨다.

"그것은 좋은 소문이 들리는 것일 뿐, 통달한 것은 아니다. 통달이란 바탕이 곧으며 의를 좋아하고, 남의 말을 살피고 얼굴빛을 관찰하며, 깊이 생각하고 남에게 낮추어, 나라에서 반드시 통달하고, 집안에서 반드시 통달하는 것이다. 소문이 들리는 경우에는 얼굴빛은 인을 취하면서 실제 행실은 위배될 수 있으되, 자신의 처신에 의심하지 않으니, 나라에 반드시 소문이 들리고, 집안에 반드시 소문이 들린다."

○ 달達의 의미를 한 마디로 풀기가 어려워서, 여기서는 일단 '통달하다'로 하였다. 소문이 들린다는 것은 명성이 퍼진다는 것과 같다. 자장이 생각한 통달은 집안에서건 나라에서건 그 사람의 명성이 널리 퍼지는 것이었다.

자장이 생각한 통달은 그 사람에 대해 겉으로 드러나는 평가와 명성인 반면에 공자는 내적인 수양과 충실이 진정한 통달임을 강조했다. 나라와 집안에 명성이 알려진다고 해서 진정

내실을 갖추었다고 볼 수는 없다는 말이다.

겉으로는 인을 추구하고 실천하는 것처럼 내세우면서 실제 행실은 이에 위배될지라도, 이런 처신에 만족하고 의심하지 않는 듯하면 역시 나라와 집안에 소문이 나기 마련이라는 말이다.

子張問: "士何如, 斯可謂之達矣?"
자장문 사하여 사가위지달의

子曰: "何哉, 爾所謂達者."
자왈 하재 이소위달자

子張對曰: "在邦必聞, 在家必聞."
자장대왈 재방필문 재가필문

子曰: "是聞也, 非達也. 夫達也者, 質直而好義, 察言而觀色, 慮以下人,
자왈 시문야 비달야 부달야자 질직이호의 찰언이관색 려이하인

在邦必達, 在家必達. 夫聞也者, 色取仁而行違, 居之不疑, 在邦必聞,
재방필달 재가필달 부문야자 색취인이행위 거지불의 재방필문

在家必聞."
재가필문

번지가 인에 대해 물었다. 선생께서 말씀하셨다. "사람을 사랑하는 것이다." 지智에 대해 물었다. 선생께서 말씀하셨다. "사람을 아는 것이다." 번지가 제대로 깨우치지 못한 듯하자 선생께서 말씀하셨다. "곧은 나무를 들어 굽은 나무 위에 놓으면 굽은 나무를 곧게 할 수 있다."

번지가 물러나 자하를 만나 말했다. "방금 내가 선생을 찾아뵙고 지智에 대해 여쭤보니, 선생께서 '곧은 나무를 들어 굽은 나무 위에 놓으면, 굽은 나무를 곧게 할 수 있다'고 하셨는데, 무슨 말씀인가?"

자하가 말했다. "풍부하구나, 그 말씀이여! 순임금이 천하를 손에 넣어 다스리실 때 여러 사람 중에서 인재를 선발하여 고요를 등용하시니, 어질지 못한 사람들이 멀리 사라졌고, 탕임금이 천하를 손에 넣어 다스리실 때, 여러 사람 중에서 인재를 선발하여, 이윤을 등용하시니, 어질지 못한 사람들이 멀리 사라졌다."

○ 인仁은 사람을 사랑하는 것이요, 지智는 사람을 아는 것이다. 사람을 안다는 것은 사람의 선악 여부나 능력 여부를 옳게 판단해야 한다는 말이다. 인과 의에 대한 공자의 간명한 정의이다. 번지는 사람을 아는 것에 대해 제대로 파악하지 못했던 듯하다. 이에 공자는 곧은 나무와 굽은 나무의 비유를 들어 설명했다.

이 비유는 특히 인재의 등용을 두고 한 말이다. 즉, 악한 사람이 자리를 차지하고 있는 상황에서 바른 사람을 등용하여 그들 위에 있게 하면 악한 사람을 바르게 선도할 수 있다는 말이다. 번지는 자기의 이해를 돕기 위해 해준 비유를 더욱 이해하지 못했다. 그래서 다시 되묻지 못하고, 나중에 자하에게 물은 것이다.

순임금과 탕왕뿐만 아니라, 선왕의 태평성대의 근거는 항상 올바른 인재의 등용에 있었다. 윗자리에 있는 사람이 바르다면 정의의 실현을 위해 노력할 것이니, 아랫자리에 설령 악한 사람이 있었다고 해도 바르게 될 것이기 때문이다.

樊遲問仁, 子曰: "愛人." 問知, 子曰: "知人." 樊遲未達, 子曰: "擧直錯諸枉,
번지문인 자왈 애인 문지 자왈 지인 번지미달 자왈 거직조저왕

能使枉者直."
능사왕자직

樊遲退, 見子夏曰: "鄕也, 吾見於夫子而問知, 子曰, 擧直錯諸枉, 能使枉者直,
번지퇴 견자하왈 향야 오견어부자이문지 자왈 거직조저왕 능사왕자직

何謂也?"
하위야

子夏曰: "富哉, 言乎, 舜有天下, 選於衆, 擧皐陶, 不仁者遠矣, 湯有天下,
자하왈 부재 언호 순유천하 선어중 거고요 불인자원의 탕유천하

選於衆, 擧伊尹, 不仁者遠矣."
선어중 거이윤 불인자원의

자공이 친구를 대하는 것에 대해 물었다. 선생께서 말씀하셨다. "진심으로 말해주고 잘 이끌어주되, 잘 안 되면 그만두는 것이 낫다. 스스로 욕되는 길을 갈 필요 없다."

○ 친구를 사귀는 여러 경우 중에서 친구에게 충고할 경우를 말한 것이다. 진심으로 충고하되 받아들이지 않으면 충고를 그만두는 게 낫다는 말이다. 끝까지 밀고 나갔다가 받아들이지 않게 되면 의만 상하고 욕되게 된다.

子貢問友. 子曰:"忠告而善道之,不可則止,毋自辱焉."
자공문우 자왈 충고이선도지 불가즉지 무자욕언

18

증자가 말했다.

"군자는 문文으로 벗이 모이게 하고, 벗으로 인에 도움이 있게
한다."

○ 문文은 학문과 덕행을 말한다. 학문과 덕행을 갈고닦으면
이를 흠모하여 벗이 모여들 것이며, 또한 벗의 장점을 배우고
서로에게 도움을 주어야 참다운 벗을 사귈 수 있는 것이다.

曾子曰:"君子, 以文會友, 以友輔仁."
증자왈 군자 이문회우 이우보인

제13편

자로
(子路)

01

자로가 정치에 대해 물었다.

선생께서 말씀하셨다.

"앞서 하고 힘써 해야 한다."

더 말해주길 청했다.

선생께서 말씀하셨다.

"게을리 하지 말아야 한다."

○ 앞서 한다는 것은 옳은 일을 실천하는 데 있어서 남보다 앞서야 한다는 말이요, 힘써 한다는 것은 백성을 위해 일하는 것에 전심전력해야 한다는 말이다. 자로는 두 가지 이외에 또 정치에 도움이 될 만한 말을 청했으되, 공자는 두 가지를 실천하는 것에 게을리 하지 말라고 강조한 것이다.

처음 읽는 논어

子路問政, 子曰: "先之勞之." 請益, 曰: "無倦."
자로문정 자왈 선지로지 청익 왈 무권

번지가 농사짓는 것을 배우고 싶다고 했다. 선생께서 말씀하셨다. "나의 농사 솜씨는 노련한 농부만 못하다." 채소 재배를 배우고 싶다고 했다. "나의 채소 재배 솜씨는 노련한 채소 농부만 못하다." 번지가 나가자 선생께서 말씀하셨다. "번지는 소인이로구나. 위에서 예를 좋아하면 백성은 감히 공경하지 않는 사람이 없다. 위에서 의를 좋아하면 백성은 감히 따르지 않는 사람이 없다. 위에서 신의를 좋아하면 백성은 감히 인정을 따르지 않는 사람이 없다. 이와 같이 하면 사방의 백성이 자식을 강보에 싸서 업고 찾아올 것이다. 어찌 농사를 지을 필요가 있겠는가?"

○ 농사를 배우려면 공자가 아니라 농사 전문가인 농부를 찾아가야 한다는 말이다. 또한 번지처럼 학문이 있는 사람은 농사보다는 정치에 참여하여 더 많은 사람의 행복을 위해 일해야 한다는 말이다.

樊遲請學稼. 子曰: "吾不如老農." 請學爲圃. 曰: "吾不如老圃."
번지청학가 자왈 오불여노농 청학위포 왈 오불여노포

樊遲出. 子曰: "小人哉, 樊須也! 上好禮, 則民莫敢不敬
번지출 자왈 소인재 번수야 상호례 즉민막감불경

上好義, 則民莫敢不服 上好信, 則民莫敢不用情. 夫如是,
상호의 즉민막감불복 상호신 즉민막감불용정 부여시

則四方之民襁負其子而至矣, 焉用稼?"
즉사방지민강부기자이지의 언용가

03

선생께서 말씀하셨다.

"시 삼백 편을 외웠다고 해도, 정치를 맡기면 제대로 처리하지 못하고, 사방 여러 나라에 사신으로 가서 나름대로 대처하지 못한다면, 비록 많이 왼다 한들 무슨 소용이 있겠는가?"

○ '시 300편'은 《시경》을 말한다. 《시경》에 305편의 시가 실려 있는데, 대략의 숫자를 말한 것이다. 공자는 '시는 감흥을 일으킬 수 있고, 세태를 살필 수 있고, 무리 지어 어울릴 수 있고, 원망할 수 있으며, 가까이는 부모를 잘 섬길 수 있고, 멀리는 군주를 잘 섬길 수 있으며, 조수와 초목의 이름을 많이 알게 된다'고 했고, '사람으로서 〈주남周南〉과 〈소남召南〉을 익히지 않으면 마치 담장을 바로 마주보고 서 있는 것과 같다'고 하여, 학문과 덕행을 닦는 필수 과제로 시를 공부해야 한다고 강조했다. 여기서는 다만 실제 정치 외교 무대에서 효과적으로 응용할 수 있는 공부가 되어야 하며, 무조건 암송만 하는 공부를 배척한 것이다.

처음 읽는 논어

子曰:"誦詩三百, 授之以政, 不達, 使於四方, 不能專對, 雖多, 亦奚以爲?"
자왈 송시삼백 수지이정 부달 시어사방 불능전대 수다 역혜이위

선생께서 말씀하셨다.

"그 자신이 바르면, 명령을 하지 않아도 일이 행해지고, 그 자신이 바르지 못하면, 비록 명령을 해도 따르지 않는다."

○ 통치자의 명령이란 일종의 강제적 수단이다. 가장 이상적인 것은 명령을 내리지 않아도 모든 사람들이 각각 맡은 일에 충실하여 사회의 안녕과 질서가 유지되는 것이다. 그렇게 되려면 역시 통치자가 앞장서서 바른 인격과 덕망을 갖추어야 한다는 말이다.

子曰:"其身正, 不令而行, 其身不正, 雖令不從."
자왈 기신정 불령이행 기신부정 수령부종

선생께서 위나라에 가실 때 염유가 수레를 몰았다. 선생께서 말씀하셨다. "백성이 많기도 하구나!" 염유가 말했다. "백성이 많아졌으면, 또 무엇을 더해 주어야 합니까?" "부유하게 해주어야 한다." "부유하게 되었으면, 또 무엇을 더해 주어야 합니까?" "가르쳐야 한다."

○ 부유하게 한다는 것은 안정된 생업을 갖게 하고 세금의 부담을 적게 하여 저마다 경제적 풍요를 누리게 한다는 것이다. 가르친다는 것은 참다운 삶을 살 수 있도록 예의와 도덕을 가르친다는 말이다. 또한 〈안연〉 편에서 공자는 정치의 급선무에 대해 자공과 대화하면서, '먹을 것이 풍족하고, 적을 방비할 무기가 풍족하고, 백성들이 믿고 따르게 하는 것'의 세 가지를 들기도 했다.

子適衛, 冉有僕, 子曰: "庶矣哉!" 冉有曰: "旣庶矣, 又何加焉?"
자적위 염유복 자왈 서의재 염유왈 기서의 우하가언

曰: "富之." 曰: "旣富矣, 又何加焉?" 曰: "敎之."
왈 부지 왈 기부의 우하가언 왈 교지

선생께서 말씀하셨다.

"'선한 사람이 백 년 동안 나라를 다스리면, 잔학한 사람을 이길 것이요, 사람 죽이는 것을 없앨 수 있으리라' 했는데, 참으로 옳구나, 이 말이!"

○ '선한 사람이 백 년 동안 나라를 다스리면 잔학한 사람을 이길 것이요, 사람 죽이는 것을 없앨 수 있으리라'는 말은 당시 전해지던 속담인 듯하다. 공자는 이 말을 떠올리며 무도한 세상을 탄식한 것이다. 잔학한 사람을 이긴다는 것은 정의를 해치고 포악한 행위를 일삼는 자들이 사라진다는 말이다.

子曰: "善人爲邦百年, 亦可以勝殘去殺矣, 誠哉, 是言也."
자왈 선인위방백년 역가이승잔거살의 성재 시언야

07

섭공이 정치에 대해 물었다. 선생께서 말씀하셨다.

"가까이 있는 사람을 기쁘게 하고, 멀리 있는 사람을 오게 하는 것입니다."

○ 가까이 있는 사람은 자기 나라 백성을 말하고, 멀리 있는 사람은 다른 나라 백성을 말한다. 정치를 잘하면 자기 나라 백성들이 기뻐할 것이요, 그 소문이 다른 나라에 들리면 너도나도 훌륭한 통치자 밑에 있기를 원하며 찾아올 것이라는 말이다.

처음 읽는 논어

葉公問政, 子曰: "近者說, 遠者來."
섭공문정 자왈 근자열 원자래

자하가 거보의 읍재가 되어, 정치에 대해 물었다. 선생께서 말씀하셨다. "서둘러 하려고 하지 말고, 작은 이익을 넘보지 말라. 서둘러 하려고 하면 제대로 되지 않고, 작은 이익을 넘보면 큰 일이 이루어지지 않는다."

○ 서둘러 하려고 한다는 것은 조급하게 정치의 효과를 기대하는 것을 말한다. 작은 이익을 넘본다는 것은 통치자가 자신의 이익을 앞세우거나 일시적인 미봉책에 만족한다는 것이다. 공자는 진정한 왕이 통치를 하면 한 세대, 즉 30년이 지나서 효과를 볼 수 있으며, 선한 사람이 통치를 하면 100년이 지나서 효과를 볼 수 있다고 했다. 통치자는 미래를 내다보는 거시적인 안목과 대의를 위해 봉사하는 자세를 지녀야 함을 강조한 것이다.

子夏爲莒父宰, 問政, 子曰:"無欲速, 無見小利, 欲速, 則不達, 見小利,
자하위거보재 문정 자왈 무욕속 무견소리 욕속 즉부달 견소리

則大事不成."
즉대사불성

섭공이 선생에게 말했다. "우리 마을에 정직이 몸에 밴 자가 있습니다. 아버지가 양을 훔쳤는데 아들이 증인으로 나섰습니다." 선생께서 말씀하셨다. "우리 마을의 정직한 자는 이와 다릅니다. 아버지는 아들을 위해 감춰주고, 아들은 아버지를 위해 감춰줍니다. 정직은 그 안에 있는 것입니다."

○ '직궁直躬'은 '정직이 몸에 배다' 즉, 오직 정직을 신조로 한다는 뜻이다. 혹은 그 사람의 이름 또는 별명이라고도 한다. 섭공은 이 사람이 워낙 정직을 신조로 하는 탓에 자기 아버지가 어쩌다 집에 들어온 남의 양을 몰래 가로챈 것에 대해 증인으로 나설 정도라고 은근히 자랑한 것이다. 공자의 입장에서 볼 때, 섭공의 마을 사람의 정직은 참다운 정직이라고 할 수 없다는 말이다. 인륜과 정직을 따지면, 공자는 사람의 심정은 인륜에 먼저 끌리게 마련이라고 보았다. 아무리 죄를 지었다 해도 부자지간에 서로의 죄를 남에게 드러내려고 증인으로 나서거나 고발하는 일은 있을 수 없다는 말이다. 정직은 그 안에 있다고 한 것은 가장 가까운 육친으로서 죄를 남 앞에 차마 드러내지 못하고 서로 감춰 주는 것에서 진정 인륜에 정직한 모습을 볼 수 있다는 말이다.

葉公語孔子曰: "吾黨, 有直躬者, 其父攘羊, 而子證之."
섭공어공자왈 오당 유직궁자 기부양양 이자증지

孔子曰: "吾黨之直者, 異於是, 父爲子隱, 子爲父隱, 直在其中矣."
공자왈 오당지직자 이어시 부위자은 자위부은 직재기중의 자공이 물었다. "어떠해야 훌륭한 인물이라고 할 수 있습니까?" 선생께서 말씀하셨다. "자신의 행실에 부끄러워할 줄 알고, 사방의 나라에 사신으로 가서 임금의 명령을 욕되게 하지 않으면 훌륭한 인물이라고 할 수 있다." "그 다음으로는 어떠해야 훌륭한 인물인지 감히 여쭙겠습니다." "집안사람들이 모두 효성스럽다고 칭찬하고, 마을 사람들이 모두 우애스럽다고 칭찬하는 것이다." "그 다음으로는 어떠해야 훌륭한 인물인지 감히 여쭙겠습니다." "말을 하면 반드시 신의를 지키고 실행하면 반드시 결과를 보이는 사람이라면 소인이긴 하지만 또한 그 다음으로 훌륭한 인물이라고 할 수 있다." "지금 정치하는 사람들은 어떻습니까?" 선생께서 말씀하셨다. "아니! 한 말짜리, 또는 한 말 두 되짜리 그릇에나 해당되는 사람들을 어찌 다 헤아릴 수 있겠느냐?"

○ 자신의 행실에 부끄러워할 줄 안다는 것은 자신의 행실이 항상 부족하다고 여기며 부끄러워해야 한다는 말이다. 임금의 명령을 욕되게 하지 않는다는 것은 여러 나라에 외교 사절로 파견되어 가면 자기를 보낸 임금의 뜻을 알고 임무를 충실히 완수해야 한다는 말이다.

나라를 위해 일하는 일꾼으로 등용되어 항상 겸손하고 임무를 게을리 하지 않는 것을 첫째로 들었다. 나라를 위해 일하는 일꾼으로 등용되어 열심히 일하는 것 다음으로는 어떤 경우를 훌륭한 사람이라고 할 수 있는가 물은 것이다.

공자는 집안과 마을에서 모두 효성과 우애를 칭찬할 정도라면 괜찮다고 대답했다. 공자가 소인이라고 한 것은 신의를 지키고 결과를 보이는 것에만 전념하기 때문이다. 두소斗筲는 곡식을 담는 그릇으로, 두斗는 한 말, 소筲는 한 말 두 되 들이이다. 모두 아주 작은 그릇으로, 소인을 비유한 말이다. 반드시 신의를 지키고 결과를 보이는 사람보다는 집안이나 마을에서 효성과 우애를 칭찬하는 사람이 훌륭하고, 그보다는 나라의 일꾼으로 등용되어 열심히 일하는 사람이 훌륭한데, 지금 정치는 그중 가장 그릇이 작은 소인들의 손에 행해지고 있다는 말이다.

子貢問曰: "何如, 斯可謂之士矣?"
자공문왈   하여 사가위지사의

子曰: "行己有恥, 使於四方, 不辱君命, 可謂士矣."
자왈   행기유치 사어사방 불욕군명 가위사의

曰: "敢問其次?"
왈   감문기차

曰: "宗族稱孝焉, 鄕黨稱弟焉."
왈   종족칭효언 향당칭제언

曰: "敢問其次?"
왈   감문기차

曰: "言必信, 行必果, 硜硜然小人哉, 抑亦可以爲次矣."
왈   언필신 행필과 경경연소인재 억역가이위차의

曰: "今之從政者, 何如?"
왈   금지종정자 하여

子曰: "噫, 斗筲之人, 何足算也?"
자왈   희 두소지인 하족산야

선생께서 말씀하셨다.

"군자는 조화를 이루되 동화되지 않고, 소인은 동화될 뿐 조화를
이루지 못한다."

○ 조화를 이룬다는 것은 각각 개성을 살리되 전체적인 조화
를 잃지 않는다는 것으로, 마치 여러 악기가 서로 다른 소리를
내면서 아름다운 음악이 연주되는 것과 같다. 동화된다는 것
은 아무 주관이나 개성 없이 그저 동조하고 어울리는 것을 말
한다.

子曰:"君子, 和而不同, 小人, 同而不和."
자왈 군자 화이부동 소인 동이불화

12

자공이 물었다. "마을 사람들이 모두 좋아하면, 어떻습니까?"

선생께서 말씀하셨다. "아직 안 된다."

"마을 사람들이 모두 미워하면, 어떻습니까?"

선생께서 말씀하셨다.

"아직 안 된다. 마을의 선한 사람이 좋아하고, 선하지 않은 사람이
미워하는 것만 못하다."

○ 남들이 모두 칭찬한다고 좋은 것이 아니요, 남들이 모두 미
워한다고 나쁜 것이 아니다. 선한 사람이 칭찬하고 악한 사람
이 미워하는 것이 진정 좋은 것이요, 악한 사람이 칭찬하고 선
한 사람이 미워하는 것이 진정 나쁜 것이라는 말이다.

처음 읽는 논어

子貢問曰: "鄕人皆好之, 何如?"
자공문왈 향인개호지 하여

子曰: "未可也."
자왈 미가야

"鄕人皆惡之, 何如?"
향인개오지 하여

子曰: "未可也, 不如鄕人之善者好之, 其不善者惡之."
자왈 미가야 불여향인지선자호지 기불선자오지

선생께서 말씀하셨다.

"군자 밑에서 일하기는 쉽고 설득하기는 어렵다. 바른길로 설득하지 않으면 좋아하지 않는다. 사람에게 일을 시킬 때는 능력에 따라 일을 맡긴다. 소인 밑에서 일하기는 어렵고 설득하기는 쉽다. 비록 바른길로 설득하지 않아도 기뻐한다. 사람에게 일을 시킬 때는 모든 것을 요구하고 책망한다."

○ 군자는 부하의 능력을 알아서 적절한 자리에 배치한다. 그러므로 군자 밑에서 일하기는 쉽다. 소인은 부하의 능력도 알아보지 않고 되는대로 배치한다. 능력은 제대로 모르고 요구하는 것은 많게 된다.

子曰:"君子易事而難説也. 説之不以道, 不説也 及其使人也, 器之.
자왈 군자이사이난세야 세지불이도 불열야 급기사인야 기지

小人難事而易説也. 説之雖不以道, 説也 及其使人也, 求備焉."
소인난사이이세야 세지수불이도 열야 급기사인야 구비언

선생께서 말씀하셨다.

"군자는 마음가짐이 태연하되 교만하지 않고, 소인은 교만하며 태연하지 못하다."

○ 군자는 부귀에 마음 쓰지 않고 빈천하다 하여 근심하지 않기 때문에 항상 여유 있고 태연하다. 소인은 항상 부귀를 얻기 위해 마음 졸이고 빈천에 처하면 근심하며, 조금이라도 잘난 것이 있으면 자기 탓이라 하여 교만하기 때문에 마음에 여유가 없다.

子曰: "君子, 泰而不驕, 小人, 驕而不泰."
자왈 군자 태이불교 소인 교이불태

15

선생께서 말씀하셨다.

"강건하고, 의연하고, 질박하고, 어눌한 듯한 것이 인에 가까운
것이다."

○ 강건하다는 것은 옳은 일을 과감하게 실천할 수 있는 강한
의지를 가졌다는 것이다. 의연하다는 것은 어떤 상황에도 흔
들리지 않는 마음 자세를 지녔다는 것이다. 질박하다는 것은
꾸밈없고 소박하고 순수하다는 것이다. 어눌한 듯하다는 것은
말을 조심하여 더듬듯이 한다는 것이다.

子曰: "剛毅木訥, 近仁."
자왈 강의목눌 근인

자로가 물었다. "어떠해야 '사士'라고 할 수 있습니까?" 선생께서
말씀하셨다. "냉철하게 비판하고 화목하게 어울리면 '사'라고 할
수 있다. 친구 사이에는 서로 비판하고, 형제 사이에는 화목하게
어울린다."

○ 비판이 필요할 때는 냉철하게 비판하고, 화목하게 어울릴
필요가 있을 때는 화목하게 어울리는 것이 진정한 남자의 모
습이라는 말이다.

처음 읽는 논어

子路問曰: "何如斯可謂之士矣?" 子曰: "切切偲偲, 怡怡如也, 可謂士矣.
자로문왈 하여사가위지사의 자왈 절절시시 이이여야 가위사의

朋友切切偲偲, 兄弟怡怡."
붕우절절시시 형제이이

17

선생께서 말씀하셨다.

"선한 사람이 백성을 칠 년 동안 가르치면, 전쟁터에 나가게 할 수도 있다."

○ 전쟁을 좋아하는 사람은 없다. 또한 제 발로 앞장서서 전쟁터에 나가고 싶어 하는 사람도 없다. 그러나 백성을 잘 다스려 기강을 바로잡고 훌륭한 정치를 행하면, 백성은 위급한 시기에 제 발로 전쟁터에 나갈 수도 있다는 말이다.

子曰: "善人教民七年, 亦可以卽戎矣."
자왈 선인교민칠년 역가이즉융의

제14편

헌문
(憲問)

원헌原憲이 수치에 대해 물었다. 선생께서 말씀하셨다. "나라에 도가 있어도 봉록으로 주는 곡식만 받아먹고, 나라에 도가 없어도 봉록으로 주는 곡식만 받아먹는 것이 수치이다."

"이기기 좋아하는 것과 자기를 자랑하는 것과 원망하는 것과 탐욕을 부리는 것을 행하지 않으면 인仁이라고 할 수 있습니까?" 선생께서 말씀하셨다. "그렇게 하기는 실로 어렵다고 할 수 있으나, 그것이 인仁인지는 나도 잘 모르겠다."

○ 나라에 도가 있을 때 관직에 등용되었으면 능력을 발휘하여 무언가를 성취해야 하는데, 가만히 자리만 지키고 봉록만 받아먹는 것은 수치스런 일이며, 나라에 도가 없으면 조용히 물러나 자신의 수양에 전념해야 하는데, 관직에 나아가 봉록만 받아먹는 것도 수치스런 일이라는 말이다.

원헌은 네 가지를 행하지 않을 자신이 있었기 때문에 그렇게만 하면 인을 실천하는 것인지 물은 것이다. 이에 대해 공자는 실로 그렇게 되기란 어려운 것이기는 하지만 그것이 인을 실천하는 것이라고는 확실히 말할 수 없다고 대답했다. 이렇게 대답한 의도는 원헌이 실로 어려운 것을 실천하려 하는 것은 인정하면서 굳이 네 가지 덕목만 고집하지 말고 더욱 확충할 것이며, 조금이라도 해이해지는 일이 없도록 경계한 것이다.

처음 읽는 논어

憲問恥, 子曰: "邦有道, 穀, 邦無道, 穀, 恥也."
헌문치 자왈 방유도 곡 방무도 곡 치야

"克伐怨欲, 不行焉, 可以爲仁矣." 子曰: "可以爲難矣, 仁則吾不知也."
극벌원욕 불행언 가이위인의 자왈 가이위난의 인즉오부지야 선생께서 말씀하셨다.

"나라에 도가 있으면 엄중히 말하고 엄중히 행동하며, 나라에 도가 없으면 엄중히 행동하고 공손히 말하라."

○ 엄중히 말하고 엄중히 행동하라는 것은 자신의 바른 판단으로 바른 말과 행동을 하라는 말이다. 엄중히 행동하고 공손히 말하라는 것은 행동은 바르게 하되 말은 조심하여 억울한 화를 피하라는 말이다.

子曰:"邦有道, 危言危行, 邦無道, 危行言孫."
자왈 방유도 위언위행 방무도 위행언손

03

선생께서 말씀하셨다.

"덕이 있는 사람은 반드시 좋은 말을 하지만, 좋은 말을 하는 사람에게 꼭 덕이 있는 것은 아니며, 어진 사람은 반드시 용기가 있지만, 용기가 있는 사람에게 꼭 어진 마음이 있는 것은 아니다."

○ 덕망, 언행, 인의, 용기 등의 관계를 말한 것이다. 덕망이 있으면 언행이 좋지만 언행이 좋다고 해서 덕망이 있는 것은 아니며, 인의가 있으면 용기가 있지만 용기가 있다고 해서 인의가 있는 것은 아니다. 언행만 좋은 건 아닌지 용기만 있는 건 아닌지 잘 살펴야 한다는 말이다.

처음 읽는 논어

子曰:"有德者, 必有言, 有言者, 不必有德 仁者, 必有勇, 勇者, 不必有仁."
자왈 유덕자 필유언 유언자 불필유덕 인자 필유용 용자 불필유인

자로가 말했다. "환공이 공자 규를 죽였을 때, 소홀은 따라 죽었는데 관중은 따라 죽지 않았으니, 인을 실천하지 않았다고 할 수 있겠지요?" 선생께서 말씀하셨다. "환공은 제후를 규합하되 무력으로 하지 않았으니, 이는 관중의 힘에 의해서다. 그처럼 인을 실천할 수 있겠는가? 그처럼 인을 실천할 수 있겠는가?"

○ 환공의 이름은 소백小白이다. 공자 규는 환공의 이복형으로, 모두 제나라 양공襄公의 아들이다. 양공이 죽은 이후 소백과 규는 제나라 제후의 상속권을 놓고 다투었다. 결국 소백이 공자 규를 죽이고 제나라 제후의 지위에 올랐다. 관중과 소홀은 모두 공자 규의 신하였다. 공자 규가 죽자, 소홀은 한 주군을 섬기는 의를 지키기 위해 따라 죽었는데 관중은 다시 소백, 즉 환공의 신하가 되었다. 자로는 관중이 소홀처럼 한 주군을 섬기는 의를 따르지 않고 다시 환공을 섬긴 것은 인을 실천하지 않은 것이라고 생각하여, 공자에게 질문한 것이다.

환공은 춘추시대 때 제후의 패권을 차지하여, 제후를 결합하여 외적을 물리치고 주나라 왕실을 존중하는 공을 세웠다. 이때 환공을 옆에서 보좌한 자가 관중이었다. 공자는 환공이 천하의 패권을 차지하는 과정에서 관중이 무력을 사용하지 않고 대의명분을 내세워 제후들을 통솔하도록 이끈 것을 높이 샀다.

子路曰:"桓公殺公子糾, 召忽死之, 管仲不死, 曰未仁乎."
자로왈 환공살공자규 소홀사지 관중불사 왈미인호

子曰:"桓公九合諸侯, 不以兵車, 管仲之力也, 如其仁, 如其仁."
자왈 환공규합제후 불이병거 관중지력야 여기인 여기인

선생께서 말씀하셨다. "말하는 데 부끄러워하지 않으면, 실행이 어렵다."

○ 공자는 말이 많은 것을 가장 경계했다. 말이 많으면 말을 함부로 하게 마련이며, 말을 함부로 하면 진실이 없을 뿐만 아니라 실천력이 없기 때문이다.

子曰: "其言之不怍, 則爲之也難."
자왈 기언지부작 즉위지야난

자로가 왕을 섬기는 것을 물었다. 선생께서 말씀하셨다. "속이지 말아야 하며, 안색을 범할지라도 바른말을 해야 한다.

○ 범犯은 임금의 뜻을 반대하여 안색이 변하게 하는 것을 말한다. 신하는 임금의 노여움을 사서 벌을 받는 한이 있더라도 옳지 않은 것에 반대할 줄 알아야 한다는 말이다.

子路問事君, 子曰: "勿欺也, 而犯之."
자로문사군 자왈 물기야 이범지

07

선생께서 말씀하셨다.

"옛날에 공부하는 사람들은 자신을 위해 공부했는데, 오늘날 공부하는 사람들은 남을 위해 공부한다."

○ 자신을 위해 공부했다는 것은 자신의 인격 완성에 도움이 되는 공부를 했다는 것이요, 남을 위해 공부한다는 것은 오로지 남의 칭찬을 받기 위해 공부를 한다는 것이다.

子曰:"古之學者, 爲己, 今之學者, 爲人."
자왈 고지학자 위기 금지학자 위인

선생께서 말씀하셨다.

"그 지위에 있지 않으면 그 정책을 의논하지 않는다."

증자가 말했다.

"군자는 생각이 그의 위치를 벗어나지 않는다."

○ '그 지위에 있지 않으면 그 정책을 의논하지 않는다'는 말은 '태백' 편에도 나왔다. 여기서는 증자의 말이 추가되었다. 역시 책임과 권한이 없는 자리의 정책을 입안하고 추진할 수 없으므로 자신의 위치와 임무에 충실하라는 말이다.

처음 읽는 논어

子曰: "不在其位, 不謀其政." 曾子曰: "君子思不出其位."
자왈 부재기위 불모기정 증자왈 군자사불출기위

선생께서 말씀하셨다.

"군자가 가는 길은 세 가지이다. 나는 하지 못한다. 어진 사람은 근심하지 않고, 지혜로운 사람은 미혹되지 않고, 용기 있는 사람은 두려워하지 않는다."

자공이 말했다.

"선생께서 스스로에 대해 말씀하신 것이다."

○ 군자가 추구하는 것은 '인仁'과 '지智'와 '용勇'이요, 이것을 이루면 근심하지 않고, 미혹되지 않고, 두려워하지 않는다고 했다. 공자는 자신이 아직 이루지 못했다고 말했는데, 자공은 공자가 겸손하게 말한 것일 뿐이라고 한 것이다.

子曰:"君子道者三, 我無能焉 仁者不憂, 知者不惑, 勇者不懼."
자왈 군자도자삼 아무능언 인자불우 지자불혹 용자불구

子貢曰:"夫子自道也."
자공왈 부자자도야

10

선생께서 말씀하셨다.

"거짓인지 미리 의심하지 않고, 성실하지 않은지 억측하지 않고, 그러면서도 먼저 깨닫는다면 현명한 것이다."

○ 근거도 없는데 상대방이 거짓일 것이라거나 성실하지 않을 것이라고 미리 의심도 하지 않고 억측도 하지 않으면서 깨닫는 것이 현명하다는 말이다.

子曰: "不逆詐, 不億不信, 抑亦先覺者, 是賢乎!"
자왈 불역사 불억불신 억역선각자 시현호

미생무가 선생께 말했다.

"선생님께서는 어찌 이리 바삐 다니시는지요? 말재주를 드러내려 하시는 것 아닙니까?"

선생께서 말씀하셨다.

"말재주를 드러내려 하는 것이 아닙니다. 완고한 것을 싫어합니다."

○ 미생무가 누구인지 확실하지 않다. 대화 내용으로 보아 당시 노나라 은사였다는 설이 있다. 공자가 여러 나라를 바삐 다니며 유세하는 것을 비웃는 듯한 말투가 담겨 있기 때문이다. 이에 대해 공자는 자기가 말재주를 뽐내려고 하는 것이 아니라 당시 지도자가 고집불통인 것이 싫어서 생각을 바꾸게 하려고 말을 많이 한다고 말한 것이다.

微生畝謂孔子曰: "丘何爲是栖栖者與? 無乃爲佞乎?" 孔子曰: "非敢爲佞也,
미생무위공자왈 구하위시서서자여 무내위녕호 공자왈 비감위녕야

疾固也."
질고야

선생께서 말씀하셨다.

"기驥라고 부르는 천리마는 그 기력을 일컫는 것이 아니라 그 품성을 일컫는 것이다."

○ 천리마를 '기驥'라고 했다. 단순히 달리는 능력만 따지면 '기'보다 더 잘 달리는 말이 있을 것이다. 그러나 사람을 태우고 달릴 수 있어야 천리마의 가치가 있는 것이다. 그래서 사람 입장에서 천리마는 달리는 능력이 아니라 사람을 태우는 품성을 일컫는 것이다.

子曰: "驥不稱其力, 稱其德也."
자왈 기불칭기력 칭기덕야

혹자가 말했다.

"은혜로 원한을 갚으면 어떻습니까?"

선생께서 말씀하셨다.

"은혜는 무엇으로 갚을 것인가? 정직으로 원한을 갚고, 은혜로 은혜를 갚으면 될 뿐이다."

○ 원한을 은혜로 갚는 것이 나쁠 것은 없지만, 그럴 필요까지는 없고 원한은 공평하고 정직하게 해결하면 될 뿐이라는 말이다.

或曰: "以德報怨, 何如?" 子曰: "何以報德? 以直報怨, 以德報德."
혹왈 이덕보원 하여   자왈 하이보덕 이직보원 이덕보덕

선생께서 말씀하셨다. "나를 알아주는 사람이 없구나!"

자공이 말했다. "왜 선생을 알아주는 사람이 없을까요?"

선생께서 말씀하셨다. "하늘을 원망하지 않고, 사람을 탓하지 않으며, 밑에서부터 배워 위에 도달했으니, 나를 아는 것은 하늘일 것이다!"

○ 자신을 등용해 정치를 맡기는 군주가 없음을 한탄한 말이다. 그 이유를 묻는 자공의 질문에 공자는 하늘을 원망하지 않고 사람을 탓하지 않는다고 했다. 즉, 하늘의 이치를 배우고 따르는 자신으로서는 무엇을 원망하거나 탓할 것도 없다는 말이다. 하학이상달下學而上達, 즉 밑에서부터 배워 위에 도달했다는 것은 구체적으로 시·서·예·악詩書禮樂을 익히는 것으로부터 선왕의 도를 알기에 이르렀다는 것으로 풀기도 하고, 인간 세상의 모든 이치를 아는 것으로부터 천명을 아는 경지에 이르렀다는 것으로 풀기도 한다. 결국 공자는 하늘의 이치를 본받아 바른길을 가고 실천할 뿐 자신을 알아주고 말고는 개의할 필요가 없음을 천명한 것이다.

子曰: "莫我知也夫!"
자왈 막아지야부

子貢曰: "何爲其莫知子也?"
자공왈 하위기막지자야

子曰: "不怨天, 不尤人, 下學而上達, 知我者, 其天乎!"
자왈 불원천 불우인 하학이상달 지아자 기천호

자로가 석문에서 묵었다. 새벽에 성문을 여는 문지기가 말했다. "어디서 오신 분입니까?" 자로가 말했다. "공씨 문하에서 온 사람이오." 문지기가 말했다. "아, 그 불가능한 것을 알면서도 행하는 사람 말입니까?"

○ 문지기는 능력이 있으되 세상을 피해 사는 은자隱者로, 공자가 도저히 실현될 수 없는 너무 높은 이상을 품고 세상을 떠도는 것을 한편으로 안타까워하면서 힐난한 것이다.

子路宿於石門, 晨門曰: "奚自?" 子路曰: "自孔氏."
자로숙어석문 신문왈 혜자   자로왈 자공씨

曰: "是知其不可而爲之者與?"
왈 시지기불가이위지자여

선생께서 위나라에서 경쇠를 두드리며 연주를 하신 적이 있다. 삼태기를 메고 선생 숙소 문 앞을 지나가던 사람이 말했다. "경쇠 연주에 무슨 심정이 그리 많이 담겼나!" 조금 있다가 말했다. "비루하다! 땅땅 그 소리여! 자기를 알아주는 사람 없으면 그만두면 그뿐이니, 물이 깊으면 옷을 벗고 건너고, 물이 얕으면 옷을 걷고 건너는 것이로다." 선생께서 말씀하셨다. "과감하구나! 어려울 것이 없겠다."

○ 경쇠는 돌이나 옥으로 만드는 타악기이다. 삼태기를 메고 지나가던 사람 역시 은자隱者이다. 은자는 공자가 세상에 인의와 도덕을 실현하려는 이상을 품고 있지만 세상이 그를 알아주지 않는다는 것을 간파했다. 그래서 '물이 깊으면 옷을 벗고 건너고 물이 얕으면 옷을 걷고 건너네'라는 시의 한 구절을 인용하여, 세태의 변화에 따라 적응하여 살 것이지 어찌 그리 높은 이상만 고집할 필요가 있느냐고 힐난한 것이다. 공자가 '과감하구나! 어려울 것이 없겠다!'라고 말한 것은, 자신의 음악을 이해한 은자에게 감탄하는 한편, 그렇게 과감하게 거취를 결정하면 어려울 것이 없겠지만 자신은 그럴 수 없다는 뜻을 비친 것이다.

子擊磬於衛, 有荷簣而過孔氏之門者, 曰: "有心哉, 擊磬乎."
자격경어위 유하궤이과공씨지문자 왈: 유심재 격경호

旣而曰: "鄙哉, 硜硜乎, 莫己知也, 斯己而已矣, 深則厲, 淺則揭."
기이왈: 비재 경경호 막기지야 사이이이의 심즉려 천즉게

子曰: "果哉, 末之難矣."
자왈 과재 말지난의

선생께서 말씀하셨다.

"윗사람이 예를 좋아하면 백성이 따르게 하기 쉽다."

○ 예는 올바른 행동 규범을 말한다. 윗사람이 예를 좋아하고 예에 따라 정치하면, 백성은 명령을 하거나 강제적인 수단을 동원하지 않아도 저절로 따라와 나라의 기강이 바로잡힌다는 말이다.

子曰:"上好禮則民易使也."
자왈 상호례즉민이사야

18

자로가 군자에 대해 묻자, 선생께서 말씀하셨다.

"자기를 수양하여 공경하는 것이다."

"이것뿐입니까?"

"자기를 수양하여 사람을 편안하게 하는 것이다."

"이것뿐입니까?"

"자기를 수양하여 백성을 편안하게 하는 것이다. 자기를 수양하여 백성을 편안하게 하는 것은 요·순께서도 오히려 모자랄까봐 염려하셨다."

○ 자로가 재차 '이것뿐입니까?'라고 물은 것은 군자에 대한 공자의 설명이 의외로 너무 쉽다고 생각했기 때문이다. 자기를 수양하여 공경하고, 자기를 수양하여 사람을 편안하게 하고, 자기를 수양하여 백성을 편안하게 하는 세 가지에 각각 특별히 다른 의미가 있는 것은 아니며, 모든 근본은 역시 자기를 수양하는 것에 있다. 공자는 자로가 의외로 쉽다고 생각하여 거듭 그것뿐이냐고 반문하자, 요순 임금도 오히려 잘하지 못할까 염려했을 만큼 어려운 것임을 일깨웠다.

子路問君子, 子曰:"修己以敬." 曰:"如斯而已乎?"
자로문군자 자왈 수기이경 왈 여사이이호

曰:"修己以安人." 曰:"如斯而已乎?"
왈 수기이안인 왈 여사이이호

曰:"修己以安百姓, 修己以安百姓, 堯舜其猶病諸."
왈 수기이안백성 수기이안백성 요순기유병저

궐당의 아이가 선생께 소식을 전하러 왔었다. 혹자가 물었다. "그 아이는 좀 나아지려고 하는 자입니까?" 선생께서 말씀하셨다. "그 아이가 자리에 앉는 모습을 보고, 어른과 어깨를 나란히 하고 걷는 것을 보니, 좀 나아지려고 하는 자가 아니라 조속히 성취하려고 하는 자이다."

○ '궐당闕黨'은 '궐리闕里'라고도 했다. 공자가 거주하던 마을을 말한다고 한다. 마을에서 어떤 아이가 공자에게 어떤 소식을 전해주러 심부름을 왔다 간 듯하다. 이에 그 아이에 대한 촌평을 주고받은 것이다. 아이는 자리에 앉을 때 당시 앉는 예절에 맞지 않게 앉았던 듯하다. 또한 어른과 걸을 때는 어른의 옆에서 약간 뒤쪽 위치에서 걸어야 하는데 아예 어깨를 나란히 하고 걸었던 듯하다. 그래서 위와 같이 아이에 대한 평을 말한 것으로 보인다.

闕黨童子將命. 或問之曰: "益者與?" 子曰: "吾見其居於位也.
궐당동자장명 혹문지왈 익자여 자왈 오견기거어위야

見其與先生並行也. 非求益者也, 欲速成者也."
견기여선생병행야 비구익자야 욕속성자야

제15편

위령공
(衛靈公)

01

위나라 영공이 군대의 진법에 대해 선생께 물었다.
선생께서 대답하셨다.
"제기를 관리하는 일 같은 것에 대해서는 일찍이 들은 적이 있
지만, 군대에 관한 일은 아직 배운 것이 없습니다."
다음 날 마침내 떠나셨다.

○ 영공이 진법을 묻는 것을 보고, 그는 어떻게 하면 전쟁을
잘해서 다른 나라 것을 빼앗을 수 있을까 하는 것에만 관심이
있음을 알고, 위와 같이 대답하고 위나라를 떠난 것이다. 제기
를 관리하는 일은 예禮의 일종으로, 자신은 인의 도덕에만 관
심이 있을 뿐 전쟁은 싫어한다는 것을 강조했다.

처음 읽는 논어

衛靈公問陳於孔子, 孔子對曰 : "俎豆之事, 則嘗聞之矣, 軍旅之事, 未之學也."
위령공문진어공자 공자대왈 조두지사 즉상문지의 군려지사 미지학야

明日遂行.
명일수행

진陳나라에서 양식이 떨어지고, 따르는 자들이 병들어, 일어나지 못했다. 자로가 화가 나서 선생을 뵙고 말했다. "군자 역시 곤궁할 때가 있습니까?" 선생께서 말씀하셨다. "군자는 본디 곤궁하다. 소인은 곤궁하면 넘친다."

○ 당시 제후들은 외국에서 오는 사람들을 통해 새로운 학문과 정보를 얻고 이들의 여비를 보조했고, 다른 유지들도 평소 흠모하는 사람을 만나면 여비를 보조하는 것으로 예를 표시했다. 공자 일행은 위나라 영공의 무도함에 실망하여 급히 위나라를 떠나 진나라로 갔는데, 어느 누구도 도와주지 않아 양식이 떨어지고 따르는 자들이 병들어 일어나지 못하는 곤경을 당했다는 말이다. 자로는 누구보다도 최고의 학문과 인품을 지닌 군자임을 자부하는 자기 스승이 그토록 곤경을 당하게 만드는 세태에 분개하여, 군자도 곤궁할 때가 있느냐고 물었다. 소인은 곤궁하면 넘친다는 것은 소인은 곤궁하면 못할 짓이 없다는 말로, 옳은 일에 뜻을 둔 군자는 늘 곤궁하기 마련이며 곤궁함에 처해서도 의연할 수 있는 사람 역시 군자뿐이라는 말이다.

在陳絶糧, 從者病, 莫能興.
재진절량 종자병 막능흥

子路慍見曰: "君子亦有窮乎?" 子曰: "君子, 固窮, 小人, 窮斯濫矣."
자로온견왈 군자역유궁호 자왈 군자 고궁 소인 궁사람의 선생께서 말씀하셨다.

"함께 말할 만한데도 함께 말하지 않으면 사람을 잃게 되고, 함께 말할 수 없는데도 함께 말하면 말을 잃게 되니, 지혜로운 사람은 사람을 잃지 않고 또한 말을 잃지 않는다."

○ 말을 잃는다는 것은 헛되이 말하게 된다는 것이다. 뜻을 같이하여 말이 통하는 상대와 말을 할 것이요, 뜻이 같지 않아 말이 통하지 않는 상대와는 말할 필요가 없다.

子曰:"可與言而不與之言, 失人, 不可與言而與之言, 失言, 知者, 不失人,
자왈 가여언이불여지언 실인 불가여언이여지언 실언 지자 불실인

亦不失言."
역불실언

선생께서 말씀하셨다.

"인에 뜻을 둔 사람과 인을 행하는 사람은 살기를 추구하여 인을 해치는 일이 없고, 자신의 몸을 죽여 인을 이루는 일은 있다."

○ 유명한 살신성인殺身成仁을 말한 대목이다. 지사志士는 인에 뜻을 둔 사람이요, 인인仁人은 인을 행하는 사람으로, 이들은 인의 실현을 눈앞에 두고, 구차한 삶을 택하여 인을 포기하기보다는 삶을 포기한다 해도 인의 실현을 택한다는 말이다.

子曰: "志士仁人, 無求生而害仁, 有殺身而成仁."
자왈 지사인인 무구생이해인 유살신이성인

자공이 인을 실천하는 것을 물었다. 선생께서 말씀하셨다.

"기술자는 일을 잘하고자 하면 반드시 먼저 연장을 예리하게 다듬는 법이다. 이 나라에 살면서, 대부 중 현명한 사람을 섬기고, 인물 중 어진 사람을 벗으로 해야 한다."

○ 인을 실천하는 것은 혼자만 할 일이 아니다. 필시 뜻을 같이 하고 알아주는 사람이 있을 것이니, 그런 윗사람을 찾아가 섬기고 그런 인물을 찾아 벗해야 한다는 말이다.

子貢問爲仁, 子曰: "工欲善其事, 必先利其器, 居是邦也, 事其大夫之賢者,
자공문위인 자왈 공욕선기사 필선리기기 거시방야 사기대부지현자

友其士之仁者."
우기사지인자

06

선생께서 말씀하셨다.

"사람이 멀리 생각함이 없으면, 반드시 가까이 근심이 생긴다."

○ 당장 눈앞의 이익과 성취에만 몰두할 뿐 먼 앞날을 내다보
는 혜안이 없으면 머지않아 근심거리가 생긴다는 말이다.

子曰: "人無遠慮, 必有近憂."
자왈 인무원려 필유근우

07

선생께서 말씀하셨다. "군자는 능력이 없는 것을 걱정하고, 사람
들이 자기를 알아주지 않는 것을 걱정하지 않는다."

○ 오로지 자신의 수양에만 전념하면, 남이 나를 알아주고 몰
라주는 것은 중요하지 않고, 걱정할 필요도 없다.

子曰: "君子病無能焉, 不病人之不己知也."
자왈 군자병무능언 불병인지불기지야

08

선생께서 말씀하셨다. "자신을 책하는 것을 엄하게 하고 남을 책하는 것을 가볍게 하면, 원망으로부터 멀어질 것이다."

○ 자신의 잘못은 엄하게 다스리고 남의 잘못은 너그럽게 포용하면 남들로부터 원망을 사는 일이 없을 것이라는 말이다.

子曰: "躬自厚而薄責於人, 則遠怨矣."
자왈 궁자후이박책어인 즉원원의

09

선생께서 말씀하셨다. "'어떻게 할까, 어떻게 할까'라고 말하지 않는 사람은 나도 어떻게 할 수 없을 뿐이다."

○ 스스로 해결하려고 노력하지 않고 남의 도움만 기다리거나 방치하는 사람은 어떻게 해볼 가망이 없는 사람이라는 말이다.

처음 읽는 논어

子曰: "不曰如之何如之何者, 吾末如之何也已矣."
자왈 불왈여지하여지하자 오말여지하야이의

선생께서 말씀하셨다.

"여럿이 종일토록 함께 있는데, 말하는 것이 의로운 것에 이르지 않고 작은 꾀나 부리기를 좋아하면 곤란하다."

○ 여럿이 오랫동안 모여 있으면, 적어도 한두 번쯤은 사람으로서의 할 일에 대해서도 토론하고 강구해보아야 할 것이요, 하는 것 없이 잡담하고 장난치며 시간을 보내는 것은 곤란하다는 말이다.

子曰: "群居終日, 言不及義, 好行小慧, 難矣哉."
자왈 군거종일 언불급의 호행소혜 난의재

11

선생께서 말씀하셨다.

"군자는 의를 바탕으로 삼고, 예로써 행하며, 겸손하게 드러내고, 성실로써 이룩하니, 이것이 군자다."

○ 마음가짐에 항상 의를 근본으로 삼으면 겉으로 드러나는 행실도 예에 맞게 된다. 아무리 자신감과 능력이 있을지라도 겸손하게 드러내고, 하기로 한 것은 정성을 다하여 이룩하는 것이 군자의 모습이라는 말이다.

子曰:"君子義以爲質, 禮以行之, 孫以出之, 信以成之, 君子哉!"
자왈 군자의이위질 례이행지 손이출지 신이성지 군자재

선생께서 말씀하셨다.

"군자는 세상을 하직할 때까지 이름이 알려지지 않는 것을 염려
한다."

○ 남이 나를 알아주고 몰라주는 것은 중요하지 않고 걱정할
필요도 없지만, 세상을 떠날 때까지 이름이 알려지지 않는 것
은 염려할 일이라는 말이다. 평생 동안 수양에 전념한 사람은
자기가 의도하지 않아도 저절로 이름이 알려지기 때문이다.

子曰:"君子疾沒世而名不稱焉."
자왈 군자질몰세이명불칭언

선생께서 말씀하셨다.

"군자는 긍지를 가지되 다투지 않으며, 무리를 이루되 파당을 이루지 않는다."

○ 군자는 참다운 인간의 길을 간다는 자부심을 가지기 때문에 공을 놓고 다투는 일이 없으며, 또한 모든 사람과 화목하게 어울리되, 이익을 위하여 누구는 배척하고 누구에게는 아부하며 파당을 조성하지 않는다는 말이다.

子曰:"君子矜而不爭, 群而不黨."
자왈 군자긍이부쟁 군이부당

14

선생께서 말씀하셨다.

"군자는 말만 가지고 사람을 등용하지 않고, 사람이 싫다 하여 그의 좋은 말까지 버리지 않는다."

○ 사람이 누구든 말로는 정의와 진실을 외칠 수 있으되 실제로 행실에 옮길 수 있는 사람은 별로 없다. 따라서 언행을 모두 살펴야지, 말로만 등용해선 안 된다. 아무리 싫고 나쁜 사람도 나에게 유익한 말을 할 수 있다. 그 사람이 싫다 하여 나에게 유익한 좋은 말까지 배척해서는 안 된다는 말이다.

子曰:"君子不以言擧人, 不以人廢言.
자왈 군자불이언거인 불이인폐언

15

선생께서 말씀하셨다.

"내가 다른 사람에 대해서 누구를 비난하거나 누구를 칭찬한 적이 있었는가? 만약 칭찬한 적이 있다면 시험을 해본 적 있기 때문이다. 삼대 시대 사람들이 그랬었다. 그래서 삼대 때에 곧은 도가 행해졌다."

○ 공자는 누구를 비난하거나 칭찬하려면 반드시 근거가 있어서 그렇게 했으며, 하·상·주 삼대 시대 사람들도 그랬기 때문에 곧은 도가 행해졌다는 말이다.

처음 읽는 논어

子曰: "吾之於人也, 誰毀誰譽? 如有所譽者, 其有所試矣. 斯民也,
자왈 오지어인야 수훼수예 여유소예자 기유소시의 사민야

三代之所以直道而行也."
삼대지소이직도이행야

선생께서 말씀하셨다.

"교묘한 말은 덕을 어지럽히고, 작은 것을 참지 못하면 큰 계획을 어지럽힌다."

○ 교묘한 말은 필시 진실을 가장한 말로, 차라리 말을 못하는 것이 낫고, 사소한 일에 감정을 억제하지 못하면 큰 계획을 망친다는 말이다.

子曰: "巧言亂德, 小不忍則亂大謀."
자왈 교언난덕 소불인즉란대모

선생께서 말씀하셨다.

"많은 사람이 미워하더라도 반드시 잘 살펴보고, 많은 사람이 좋아하더라도 반드시 잘 살펴보라."

○ 많은 사람이 좋아한다 해도 위선이 있을 수 있으니 잘 살펴야 한다는 말이다. 많은 사람이 좋아하는 것보다는 비록 적은 사람이 좋아할지라도 바른 사람이 좋아하는 것이 낫기 때문이다. 또한 많은 사람이 미워한다 해도 모함이 있을 수 있으니 잘 살펴야 한다는 말이다.

子曰: "衆惡之, 必察焉, 衆好之, 必察焉."
자왈 중오지 필찰언 중호지 필찰언

선생께서 말씀하셨다.

"사람이 도를 크게 할 수 있는 것이지, 도가 사람을 크게 하는
것이 아니다."

○ 도는 사람의 일상을 떠나 고정된 자리에 있는 어떤 것이 아
니라, 사람이 꾸준히 노력하여 실천함으로써 점차 얻어지는
것이라는 말이다. 도는 멀리 있지 않고, 찾으려고 하면 바로 가
까이서 찾을 수 있다고도 했다.

子曰: "人能弘道, 非道弘人."
자왈 인능홍도 비도홍인

선생께서 말씀하셨다.

"잘못이 있어도 고치지 않는 것, 이것을 잘못이라고 한다."

○ 사람이란 완벽한 존재가 아니므로 어느 누구를 막론하고 잘못이 없을 수 없다. 정작 중요한 것은 잘못이 있을 때 즉시 시정하여 다시 그런 잘못이 없게 하는 것이다. 한 번 잘못한 것을 고치지 못하고 계속 반복하는 것이야말로 잘못이라는 말이다. 그래서 공자는 '잘못이 있으면 고치는 것을 꺼려하지 말라'고 했고, 한 번 했던 잘못을 되풀이하지 않기 때문에 안회를 가장 칭찬했고, 잘못이 적으려고 노력했기 때문에 거백옥을 존경했다.

子曰:"過而不改, 是謂過矣."
자왈 과이불개 시위과의

선생께서 말씀하셨다.

"내가 일찍이 종일토록 먹지 않고, 밤새도록 자지 않고, 생각을 했으되, 얻는 것이 없었으니, 학문하는 것만 못하다."

○ 생각한다는 것은 추상적으로 이치를 따지고 궁리하는 것을 말한다. 즉, 추상적으로 이치를 따지고 궁리만 하는 것은 아무 도움이 되지 않는다는 말이다. 학문한다는 것은 앞서간 사람들의 지혜를 배우는 것이니, 바로 실제 우리의 삶과 직결된 것이 많다. 따라서 생각하는 것이 학문하는 것만 못하다는 말이다. 그러나 공자는 또한 '학문하기만 하고 생각하지 않으면 어리석게 되고, 생각하기만 하고 학문하지 않으면 위험하게 된다'고 하여 생각하는 것과 학문하는 것은 불가분의 관계에 있음을 강조했다.

子曰: "吾嘗終日不食, 終夜不寢, 以思, 無益, 不如學也."
자왈 오상종일불식 종야불침 이사 무익 불여학야

선생께서 말씀하셨다.

"백성에게 인은 물이나 불보다 더 절실히 필요하다. 물이나 불에는 가까이 하여 죽은 사람을 내가 보았으나, 인을 가까이 하여 죽은 사람은 아직 보지 못했다."

○ 물과 불은 사람이 살아가는 데 없어서는 안 되는 것인데, 인은 이보다 더 절실히 필요하다는 말이다. 인은 사람이 세상을 살면서 반드시 따라야 할 유일한 길이요, 사람이 세상을 살아가는 그 자체이기 때문이다.

子曰:"民之於仁也, 甚於水火, 水火, 吾見蹈而死者矣, 未見蹈仁而死者也."
자왈 민지어인야 심어수화 수화 오견도이사자의 미견도인이사자야

22

선생께서 말씀하셨다.

"추구하는 길이 다르면, 서로를 위해 도모하지 않는다."

○ 주의主義, 주장, 사상을 달리하는 경우에는 통합이든 타협이든 이루기가 힘든 법이므로, 각자 자기가 추구하는 길을 가야 할 것이라는 말이다.

子曰: "道不同, 不相爲謀."
자왈 도부동 불상위모

맹인 악사 면冕이 선생을 만나러 왔다. 계단에 이르자 선생께서는 "계단입니다"라고 말씀하시고, 좌석에 이르자 선생께서는 "좌석입니다"라고 말씀하셨다. 모두 좌석에 앉자 선생께서는 "아무개가 여기 있고, 아무개가 여기 있습니다"라고 말씀하셨다. 악사 면이 나가자 자장이 물었다. "악사와 말하는 방식입니까?" 선생께서 말씀하셨다. "그렇다. 악사를 도와주는 방법이다."

○ 공자가 자신을 찾아온 맹인 악사를 대하는 모습을 회고한 것이다. 옛날에 맹인을 악관에 임용한 사례가 많았다고 한다.

師冕見, 及階, 子曰: "階也." 及席, 子曰: "席也."
사면견 급계 자왈 계야 급석 자왈 석야

皆坐, 子告之曰: "某在斯, 某在斯."
개좌 자고지왈 모재사 모재사

師冕出. 子張問曰: "與師言之道與?" 子曰: "然 固相師之道也."
사면출 자장문왈 여사언지도여 자왈 연 고상사지도야

제16편

계씨
(季氏)

01

선생께서 말씀하셨다.

"도움이 되는 것이 세 가지 벗이요, 손해가 되는 것이 세 가지 벗이다. 곧은 사람을 벗하고, 성실한 사람을 벗하고, 들은 것이 많은 사람을 벗하면 도움이 되고, 치우친 사람을 벗하고, 아첨 잘하는 사람을 벗하고, 말만 잘하는 사람을 벗하면 손해가 된다."

○ 친구를 사귀는 도리를 말했다. 공자는 '세 사람이 길을 가면 그 안에 반드시 나의 스승이 있다'고 하여, 어떤 사람이든 나의 수양과 발전에 도움이 될 수 있음을 말했다. 그러나 그것은 선을 보면 선을 배우고 악을 보면 악을 배척할 줄 아는 자세를 기를 것을 강조한 것이요, 아무나 친구로 사귀라는 말은 아니다.

처음 읽는 논어

孔子曰:"益者三友, 損者三友, 友直, 友諒, 友多聞, 益矣 友便辟, 友善柔,
공자왈 익자삼우 손자삼우 우직 우량 우다문 익의 우편벽 우선유

友便佞, 損矣."
우편녕 손의

선생께서 말씀하셨다.

"도움이 되는 좋아함이 세 가지요, 손해가 되는 좋아함이 세 가지다. 절제하여 예악을 따르는 것을 좋아하고, 남의 좋은 점을 말하는 것을 좋아하고, 현명한 친구가 많은 것을 좋아하면 도움이 되고, 교만과 방종을 좋아하고, 편안히 노는 것을 좋아하고, 쾌락에 빠지는 것을 좋아하면 손해가 된다."

○ 절제하여 예악을 따르고, 남의 좋은 점을 말하고, 현명한 친구가 많은 것을 좋아하기란 결코 쉬운 일이 아니다. 끊임없는 수양을 통해 세 가지를 좋아하는 경지에까지 이르러야 할 것이다.

孔子曰:"益者三樂, 損者三樂, 樂節禮樂, 樂道人之善, 樂多賢友, 益矣,
공자왈   익자삼요 손자삼요 요절예악 요도인지선 요다현우 익의

樂驕樂, 樂佚遊, 樂宴樂, 損矣."
요교락 요일유 요연락 손의

선생께서 말씀하셨다.

"군자를 접하는 데 세 가지 잘못이 있으니, 말할 여건이 되지 않았는데 말하는 것을 조급하다 하고, 말할 여건이 되었는데 말하지 않는 것을 숨긴다고 하고, 안색을 보지 않고 말하는 것을 눈이 멀었다고 한다."

○ 공자는 〈위령공〉 편에서 '함께 말할 수 없는데도 함께 말하면 말을 잃게 된다'고 했고, 〈안연〉 편에서 통달한 자는 '남의 말을 살피고 얼굴빛을 관찰하라'고 했다. 모두 말하는 것에도 여건과 시기를 잘 살펴야 한다는 말이다. 또한 안색을 보지 않고 말하는 것을 눈이 멀었다고 한다는 것은 상대방의 기분을 보아가며 말해야 한다는 뜻이다.

처음 읽는 논어

孔子曰: "侍於君子, 有三愆, 言未及之而言, 謂之躁, 言及之而不言, 謂之隱,
공자왈 시어군자 유삼건 언미급지이언 위지조 언급지이불언 위지은

未見顏色而言, 謂之瞽."
미견안색이언 위지고

선생께서 말씀하셨다.

"군자에게는 세 가지 경계해야 할 것이 있으니, 젊을 때는 혈기가 아직 정해지지 않았으니 경계해야 할 것은 여색에 있고, 장성함에 이르러서는 혈기가 한창 강하니 경계해야 할 것은 싸움에 있고, 늙음에 이르러서는 혈기가 이미 쇠했으니 경계해야 할 것은 욕심에 있다."

○ 한창 성장할 젊을 때 여색을 탐닉하면 혈기를 망칠 수 있으므로 여색을 가까이하지 않도록 조심해야 하고, 장성하면 혈기가 왕성하게 자라 자칫 다투기 쉬우므로 싸움을 하지 않도록 조심해야 하고, 나이 들면 혈기는 쇠퇴하고 물욕에만 빠지기 쉬우므로 물욕에 빠지지 않도록 조심해야 한다는 말이다.

孔子曰: "君子有三戒, 少之時, 血氣未定, 戒之在色, 及其壯也, 血氣方剛,
공자왈 군자유삼계 소지시 혈기미정 계지재색 급기장야 혈기방강

戒之在鬪, 及其老也, 血氣旣衰, 戒之在得.
계지재투 급기로야 혈기기쇠 계지재득

선생께서 말씀하셨다.

"군자에게는 세 가지 경외할 것이 있으니, 천명을 경외하고, 대인을 경외하고, 성인의 말을 경외한다. 소인은 천명을 알지 못해 경외하지 않으니, 대인을 가벼이 보고, 성인의 말을 업신여긴다."

○ 대인은 나이가 지긋하고 덕망이 높은 사람을 말한다. 천명, 대인, 성인의 말을 존중하여 엄숙히 따라야 한다는 말이다. 천명은 하늘이 나에게 부여한 참다운 인간의 길을 가야 할 사명이다. 이를 존중하여 엄숙히 따르지 않게 되면 대인을 가벼이 보고 성인의 말을 우습게 여긴다는 말이다.

처음 읽는 논어

孔子曰: "君子有三畏, 畏天命, 畏大人, 畏聖人之言. 小人不知天命, 而不畏也,
공자왈 군자유삼외 외천명 외대인 외성인지언 소인부지천명 이불외야

狎大人, 侮聖人之言."
압대인 모성인지언

06

선생께서 말씀하셨다.

"나면서부터 아는 것이 최상이요, 배워서 아는 것이 그 다음이요, 막혀서 배우는 것이 또한 그 다음이다. 막혀도 배우지 않으면, 백성은 이를 최하라고 여긴다."

○ 안다는 것은 도道, 즉 선왕의 도를 안다는 것이다. 선왕의 도는 사람으로서의 바른길을 가는 것을 도로 삼으니, 통치자는 백성의 생활을 안정시키고자 노력하고, 백성들은 각자 맡은 바 직분을 다하고자 노력해야 한다. 그런데 사람은 누구나 이 도를 깨닫고 실행할 본성을 타고났으되, 혹자는 나면서부터 그것을 알고, 혹자는 배워서 그것을 알고, 혹자는 곤경에 처한 이후 배움으로써 그것을 안다. 곤경에 처해도 배울 줄 모르는 사람은 가장 하등의 인간으로, 백성은 이들로부터 등을 돌린다는 말이다.

孔子曰:"生而知之者, 上也, 學而知之者, 次也, 困而學之, 又其次也,
공자왈 생이지지자 상야 학이지지자 차야 곤이학지 우기차야

困而不學, 民斯爲下矣."
곤이불학 민사위하의

선생께서 말씀하셨다.

"군자에게는 아홉 가지 생각하는 것이 있으니, 보는 것은 밝을 것을 생각하고, 듣는 것은 밝을 것을 생각하고, 안색은 따스할 것을 생각하고, 용모는 공손할 것을 생각하고, 말에는 정성을 다할 것을 생각하고, 일에는 공경을 다할 것을 생각하고, 의문이 있으면 물어볼 것을 생각하고, 분하면 환난이 있을 것을 생각하고, 얻을 것을 보면 의를 생각한다."

○ 눈이 잘 보이는 것을 한자로 '명明'이라고 하고 귀가 잘 들리는 것을 한자로 '총聰'이라고 한다. 한국어로는 모두 '밝다'라고 하기에 '밝다'고 풀었다. 분하면 환난이 있을 것을 생각한다는 것은 일시의 분한 감정으로 행동에 나서기 이전에 후에 있을 환난을 생각하라는 말이다.

孔子曰: "君子有九思, 視思明, 聽思聰, 色思溫, 貌思恭, 言思忠, 事思敬,
공자왈 군자유구사 시사명 청사총 색사온 모사공 언사충 사사경

疑思問, 忿思難, 見得思義."
의사문 분사난 견득사의

08

선생께서 말씀하셨다.

"선한 것을 보면 따라가지 못할까 봐 염려하듯 노력하고, 선하지 않은 것을 보면 끓는 물에 손을 넣은 듯 피해야 한다. 나는 그런 사람을 보았고, 나는 그런 말을 들었다. 은거해서 자기 뜻을 추구하고, 옳은 일을 행하여 도를 달성하는 것과 같은 경우에는 내가 그런 말은 들었으되, 아직 그런 사람은 보지 못했다."

○ 옛날부터 전해지는 두 가지 말을 들었으되, 지금 세상에서 선한 것을 보면 따라가지 못할까 봐 염려하듯 노력하고 선하지 않은 것을 보면 끓는 물에 손을 넣은 듯 피하는 사람은 보았으되, 은거해서 자기 뜻을 추구하고 옳은 일을 행하여 도를 달성하는 사람은 보지 못했다는 말이다.

孔子曰:"見善如不及, 見不善如探湯, 吾見其人矣, 吾聞其語矣,
공자왈 견선여불급 견불선여탐탕 오견기인의 오문기어의

隱居以求其志, 行義以達其道, 吾聞其語矣, 未見其人也."
은거이구기지 행의이달기도 오문기어의 미견기인야

진항이 백어에게 물었다. "그대는 부친으로부터 남다른 가르침을 들은 적 있는가?" 백어가 대답했다. "아직 없습니다. 언젠가 아버님께서 홀로 서 계실 때, 제가 종종걸음으로 마당을 지나가는데 '시를 공부했느냐?'라고 물으시기에 '아직 못 했습니다'라고 대답했더니, '시를 공부하지 않으면 말을 할 수 없다'라고 하셨기에, 저는 물러나서 시를 공부했습니다.

다른 날 또 홀로 서 계실 때, 제가 종종걸음으로 마당을 지나가는데 '예를 공부했느냐?'라고 물으시기에, '아직 못 했습니다'라고 대답했더니, '예를 공부하지 않으면 세상에 설 수 없다'라고 하셨기에, 저는 물러나서 예를 공부했습니다. 이 두 가지를 들었습니다."

진항이 물러나와 기뻐하며 말했다. "하나를 물어서 셋을 얻었으니, 시를 공부해야 함을 들었고, 예를 공부해야 함을 들었고, 또한 군자는 아들을 편애하지 않고 멀리하는 것을 들었다."

○ 진항은 자금子禽의 이름이다. 백어는 공자의 아들로, 이름은 리鯉이다. 진항은 백어가 공자의 아들이므로 공자로부터 남다른 가르침을 받았을 것이라고 생각하여 위와 같이 물었다. 종종걸음 하는 것은 웃어른을 공경하고 행동을 조심한다는 예의의 표시이다. 공자가 마당에 홀로 서 있을 때 백어가 종종걸음으로 마당을 지나간 것이다.

시를 공부하지 않으면 말을 할 수 없다는 것은 시는 사람의 감정을 진솔하고 아름답게 표현하는 것인데, 시를 배우지 않으면 적절하면서도 아름답게 말을 할 수 없다는 것이다. 마당을 지나갈 때 말한 것은 공자가 백어를 따로 부르지 않고 우연한 기회에 가르쳤음을 말한다. 예를 공부할 필요성을 가르칠 때도 특별히 백어를 불러내지 않고 우연한 기회에 가르쳤다. 세상에 설 수 없다는 것은 삶의 규범이나 가치관이 세워지지 않아 세상을 살아갈 수 없다는 말이다.

진항은 백어가 당대 최고의 스승인 공자의 아들로서 무언가 특별한 것을 배웠으리라고 생각하여 물어본 것인데, 백어의 대답을 듣고, 시와 예의 중요성을 알게 되었을 뿐만 아니라 자식이든 제자든 편애하지 않는 공자의 태도를 알았기 때문에 기뻐했다.

陳亢問於伯魚曰: "子亦有異聞乎?"
진항문어백어왈 자역유이문호

對曰: "未也. 嘗獨立, 鯉趨而過庭, 曰: '學詩乎?'
대왈 미야 상독립 리추이과정 왈 학시호

對曰: '未也.' '不學詩, 無以言.' 鯉退而學詩. 他日又獨立, 鯉趨而過庭,
대왈 미야 불학시 무이언 리퇴이학시 타일우독립 리추이과정

曰: '學禮乎?' 對曰: '未也.' '不學禮, 無以立.' 鯉退而學禮, 聞斯二者."
왈 학례호 대왈 미야 불학례 무이립 리퇴이학례 문사이자

陳亢退而喜曰: "問一得三, 聞詩聞禮, 又聞君子之遠其子也."
진항퇴이희왈 문일득삼 문시문례 우문군자지원기자야

제17편

양화
(陽貨)

양화가 선생을 만나고자 했지만 선생께서 만나주지 않자 양화는 선생께 돼지고기를 선물로 보냈다. 선생께서 양화가 없는 때를 틈타 답례하시러 가다가 길에서 양화와 마주치셨다. 양화가 선생께 말했다. "어서 오십시오! 제가 선생과 할 말이 있습니다." 이어서 말했다. "보물을 가슴에 품어두고 나라가 혼미하게 놓아두면, 인이라고 할 수 있습니까?" "할 수 없습니다." "정치에 참여하는 것을 좋아하되 자꾸 때를 놓치면 지혜롭다고 할 수 있습니까?" "할 수 없습니다." "해와 달은 계속 가고 세월은 나를 기다려주지 않습니다." 선생께서 말씀하셨다. "예, 제가 장차 벼슬을 할 것입니다."

○ 양화는 노나라 대부 계씨季氏 집안의 가신家臣으로, 이름은 호虎이다. 대부 계평자季平子가 죽어서 장례가 끝난 이후 후계자 계환자季桓子를 유폐시키고, 자기 뜻대로 움직이는 인물을 후계자로 내세워 정권을 좌지우지하려 했다. 즉, 반역을 저지른 인물이다. 나중에 양화는 이 모략이 실패하여 여기저기 망명하는 신세가 되었다. 가신인 양화가 반역을 저지른 사건은 노나라 권위를 크게 실추시켰다.

양화가 한참 세력을 떨칠 때 공자를 초빙하기 위해 만나려 했는데, 공자는 양화와 같은 사람의 신하가 되는 것은 옳은 일도 아니요, 원하지도 않았으므로 양화를 만나려 하지 않았다. 양화는 공자가 없는 틈을 타 돼지고기를 선물로 보냈다. 대신이 보낸 선물을 직접 받지 않았으면 찾아가 답례하는 것이 당시 예법이었다. 공자는 예를 아는 사람이므로 반드시 자기를 찾아올 것이라고 여겼기 때문이다. 공자는 예의를 지켜야 했지만 양화와 대면하는 것이 싫어서, 역시 양화가 없는 틈을 타 답례하러 가던 도중 양화를 만난 것이다.

자신의 반역을 정당화하기 위해 당대의 인격자인 공자를 끌어들이려는 양화의 집요한 회유와 공자의 의연한 대처를 보여주는 대화이다. 즉, 탁월한 능력을 지니고도 혼란에 빠진 나라를 놓아두고, 정치에 참여하는 것을 갈망하고 그 기회가 왔는데도 거부하고, 세월은 자꾸 흐르는데 살아갈 날이 얼마 남지 않았음을 생각하지 않는 것이 옳다고 할 수 없지 않느냐는 부정할 수 없는 질문을 계속 해서 공자를 회유했다. 공자는 양화의 말을 인정하면서도 '장차 벼슬을 할 것'이라는 말로 완곡히 거절했다. 즉, 아무리 얻기 힘든 기회이고 아무리 세월이 흘러간다 해도 당장 양화의 밑에서는 벼슬할 수 없다는 말이다.

陽貨欲見孔子, 孔子不見, 歸孔子豚, 孔子時其亡也, 而往拜之, 遇諸途.
양화욕견공자 공자불견 귀공자돈 공자시기무야 이왕배지 우저도

謂孔子曰: "來, 予與爾言."
위공자왈 래 여여이언

曰: "懷其寶而迷其邦, 可謂仁乎?"
왈 회기보이미기방 가위인호

曰: "不可. 好從事, 而亟失時, 可謂知乎?"
왈 불가 호종사 이기실시 가위지호

曰: "不可. 日月逝矣, 歲不我與."
왈 불가 일월서의 세불아여

孔子曰: "諾, 吾將仕矣".
공자왈 낙 오장사의

02

선생께서 말씀하셨다. "사람의 타고난 바탕은 서로 비슷하되, 태어난 이후 습관에 따라 서로 멀어진다."

○ 선한 사람이 꼭 선의 본질을 타고난 것이 아니요, 악한 사람이 꼭 악의 본질을 타고난 것은 아니다. 태어난 이후 수양의 정도에 따라 혹자는 선의 방향으로 나아가고 혹자는 악의 방향으로 나아간다.

子曰: "性相近也, 習相遠也."
자왈 성상근야 습상원야

03

선생께서 말씀하셨다. "오직 최고로 지혜로운 사람과 최하로 어리석은 사람은 변화될 수 없다."

○ 최고로 지혜로운 사람은 어리석게 되려고 해도 되지 않으며, 최하로 어리석은 사람은 지혜롭게 되려고 해도 되지 않는다는 말이다.

子曰: "唯上知與下愚, 不移."
자왈 유상지여하우 불이

선생께서 무성에 가셨다가 비파를 뜯으며 노래하는 소리를 들었다. 선생께서 빙그레 웃으며 말씀하셨다.

"닭 잡는 데 어찌 소 잡는 칼을 쓰리오?"

자유가 대답했다.

"예전에 제가 선생께 들었습니다. '군자가 도를 배우면 사람을 사랑하고, 소인이 도를 배우면 시키기 쉽다'고 말씀하셨습니다."

선생께서 말씀하셨다.

"얘들아, 언의 말이 맞느니라. 앞의 말은 농담일 뿐이다."

○ 무성武城은 노나라 비읍費邑 근처에 있었던 작은 읍으로, 당시 제자 자유子游가 무성 읍재邑宰로 있었다. 비파를 뜯으며 노래한다는 것은 무성 백성들이 음악을 익히는 것에 열중하고 있음을 말해 주는 것이다. 자유가 무성 백성들에게 음악을 전파하려 한 것이다.

공자는 천하를 통치하는 근간으로 예악을 바르게 하여 전파할 것을 주장한 바 있다. 음악은 천하를 통치하는 근간인데 이런 작은 읍을 다스리면서 굳이 음악을 사용할 필요가 있겠느냐는 뜻으로 '닭 잡는 데 어찌 소 잡는 칼을 쓰리오?'라고 한 것이다. 사실 이 말은 무성이라는 작은 읍에서 음악을 익히는 것에 열심인 것을 알고, 매우 기쁜 나머지 빙그레 웃으며 농담으로 한 것이다.

언偃은 자유의 이름이다. 무성의 읍재였던 자유는 공자의 말을 정색하여 받아들였다. 즉, '군자가 도를 배우면 사람을 사랑하

고, 소인이 도를 배우면 시키기 쉽다'는 스승의 가르침에 따라
무성의 백성에게 예악을 가르치는 것인데, 어찌 '닭 잡는 데 소
잡는 칼을 쓰리오?'라는 말을 하느냐고 물은 것이다.

공자는 자신의 농담을 자유가 정색하여 받아들인 것에 당황하
여 제자들을 모두 불러, 앞에서 한 말이 농담이었음을 밝혔다.

처음 읽는 논어

子之武城, 聞弦歌之聲. 夫子莞爾而笑曰: "割鷄焉用牛刀?"
자지무성 문현가지성 부자완이이소왈 할계언용우도

子游對曰: "昔者, 偃也聞諸夫子, 曰, 君子學道則愛人, 小人學道則易使也."
자유대왈 석자 언야문저부자 왈 군자학도즉애인 소인학도즉이사야

子曰: "二三者, 偃之言, 是也, 前言, 戱之耳."
자왈 이삼자 언지언 시야 전언 희지이

불힐이 선생을 초빙하자 선생께서는 가시려고 했다. 자로가 말했다. "예전에 제가 선생께서 '자신에게 직접 좋지 않은 일을 행하는 자의 땅에 군자는 들어가지 않는다'고 말씀하시는 것을 들었습니다. 지금 불힐은 중모를 근거지로 모반을 했는데 선생께서 그에게 가시려고 하니, 어찌 된 건지요?" 선생께서 말씀하셨다. "그렇다. 하지만 단단하면 아무리 갈아도 닳지 않는다고 하지 않더냐? 진정 하얀 것은 아무리 물들이려고 해도 검게 물들지 않는다고 하지 않더냐? 내가 어찌 조롱박 신세이겠느냐? 어찌 그저 매달려 있기만 할 뿐 아무 먹을 걸 주지 못하겠느냐?"

○ 진晉나라 조간자趙簡子가 범중행范中行을 공격하자, 범중행의 가신으로 중모中牟 현장이었던 불힐이 중모를 근거지로 삼아 조간자에게 항거했다. 공자는 자신의 수양과 의지가 굳으면 어떤 환경에 처해도 물들지 않으므로 불힐에게 가는 것이 문제되지 않을 것이라 한 것이다. 또한 먹을 만한 것이 없어 매달려만 있는 조롱박 신세는 되지 않을 것이라는 말이다.

佛肸召,子欲往. 子路曰:"昔者由也聞諸夫子曰:'親於其身爲不善者,
불힐소 자욕왕 자로왈 석자유야문저부자왈 친어기신위불선자

君子不入也.' 佛肸以中牟畔, 子之往也, 如之何?"
군자불입야 불힐이중모반 자지왕야 여지하

子曰:"然, 有是言也. 不曰堅乎, 磨而不磷 不曰白乎, 涅而不緇.
자왈 연 유시언야 불왈견호 마이불린 불왈백호 예이불치

吾豈匏瓜也哉? 焉能繫而不食?"
오기포과야재 언능계이불식

선생께서 말씀하셨다. "유야, 너는 여섯 가지 교훈과 여섯 가지 폐단을 들었느냐?" "아직 듣지 못했습니다."

"앉거라. 내가 너에게 말해주겠다. 인을 좋아하되 배우기를 좋아하지 않으면 그 폐단은 어리석음에 빠지는 것이고, 지혜를 좋아하되 배우기를 좋아하지 않으면 그 폐단은 방탕함에 빠지는 것이고, 신의를 좋아하되 배우기를 좋아하지 않으면 그 폐단은 남을 해치는 것에 빠지는 것이고, 곧음을 좋아하되 배우기를 좋아하지 않으면 그 폐단은 조급함에 빠지는 것이고, 용기를 좋아하되 배우기를 좋아하지 않으면 그 폐단은 문란함에 빠지는 것이고, 강함을 좋아하되 배우기를 좋아하지 않으면 그 폐단은 경솔함에 빠지는 것이다."

○ 유由는 자로의 이름이다. 공자가 제자인 유에게 여섯 가지의 폐단을 설명하고 있다.

그러나 여섯 가지도 바르게 추구하는 길을 배우지 않으면 어리석고, 방탕하고, 남을 해치고, 조급하고, 문란하고, 경솔한 폐단에 빠지기 쉽다는 말이다. 자로의 장점을 조목조목 제시하는 한편, 이를 바른 방향으로 발전시키도록 일깨운 것이다.

처음 읽는 논어

子曰: "由也, 女聞六言六蔽矣乎?" 對曰: "未也." "居, 吾語女. 好仁不好學,
자왈 유야 여문육언육폐의호　대왈 미야　거 오어여 호인불호학

其蔽也愚, 好知不好學, 其蔽也蕩, 好信不好學, 其蔽也賊, 好直不好學,
기폐야우 호지불호학 기폐야탕 호신불호학 기폐야적 호직불호학

其蔽也絞, 好勇不好學, 其蔽也亂, 好剛不好學, 其蔽也狂."
기폐야교 호용불호학 기폐야란 호강불호학 기폐야광

선생께서 말씀하셨다.

"너희들은 어찌하여 시를 공부하지 않느냐? 시는 감흥을 일으킬 수 있고, 세태를 살필 수 있고, 무리 지어 어울릴 수 있고, 원망할 수 있으며, 가까이는 부모를 잘 섬길 수 있고, 멀리는 군주를 잘 섬길 수 있으며, 조수와 초목의 이름을 많이 알게 된다."

○ 공자는 여러 차례에 걸쳐 시를 공부할 것을 강조해 왔다. 이 장은 그 필요성과 중요성에 대한 공자의 견해를 가장 잘 나타낸 정수라고 할 수 있다. 시는 만사와 만물에 접했을 때 일어나는 감흥을 표현한 것이므로 시를 공부하면 감흥을 일으킬 수 있고, 시를 통해 묘사된 여러 가지 형상을 통해 그 안에 담긴 세태를 살필 수 있고, 여러 사람이 모여 서로의 감흥을 전하고 느낄 수 있으니 무리 지어 어울릴 수 있고, 절제된 감정과 정련된 언어를 통해 원망의 감정을 담을 수 있고, 아름답고 진솔하게 표현된 내용을 파악하는 중에 부모를 섬기고 군주를 섬기는 참다운 도리를 배울 수 있으며, 아울러 비유를 중시하는 시의 특성상 조수와 초목의 이름을 많이 알 수 있다는 말이다.

子曰:"小子何莫學夫詩? 詩, 可以興, 可以觀, 可以群, 可以怨, 邇之事父,
자왈 소자하막학부시 시 가이흥 가이관 가이군 가이원 이지사부

遠之事君, 多識於鳥獸草木之名."
원지사군 다식어조수초목지명

선생께서 말씀하셨다.

"예가 어떻고 예가 어떻고 말하는데, 옥이나 비단 같은 예물만 말하는 것이겠는가? 음악이 어떻고 음악이 어떻고 말하는데, 종이나 북 같은 악기만 말하는 것이겠는가?"

○ 흔히 예禮라고 하면 회동할 때 주고받는 귀중품 예물을 떠올릴지도 모르겠는데, 그런 것은 말단적인 것일 따름이고, 예는 사회의 질서를 위한 체계라는 것을 알아야 한다는 말이다. 마찬가지로 흔히 음악이라고 하면 종이니 북이니 하는 악기만 떠올릴지도 모르겠는데, 음악은 심성의 조화를 완성하기 위한 매개라는 것을 알아야 한다는 말이다.

子曰: "禮云禮云, 玉帛云乎哉? 樂云樂云, 鐘鼓云乎哉?"
자왈 예운예운 옥백운호재 악운악운 종고운호재

선생께서 말씀하셨다.

"안색은 위엄이 있는데 안으로 심약한 사람은 소인에 비유하자면 벽을 뚫고 담을 넘는 도둑과 같다."

○ 이른바 대인이라고 하는 사람 중 겉으로는 위엄 있는 척하면서 실제로 내면은 심약한 사람이 있다. 소인에 비유하자면, 소인의 여러 부류 중 가장 못한 좀도둑과 같다는 말이다. 표리 부동한 사람을 몹시 질타한 말이다.

子曰:"色厲而內荏, 譬諸小人, 其猶穿窬之盜也與."
자왈 색려이내임 비저소인 기유천유지도야여

10

선생께서 말씀하셨다.

"향원은 덕을 해치는 존재이다."

○ 향원鄕原은 향원鄕愿의 뜻으로 어느 마을, 또는 집단에서 너도나도 괜찮은 사람이라고 칭찬하는 사람, 즉 적당히 처신하고 특별히 모나지 않게 행동하여 누구나 칭찬하는 사람을 말한다. 어느 집단이건 선한 사람이 있고 악한 사람이 있게 마련인데, 너도나도 괜찮은 사람이라고 칭찬한다는 것은 그만큼 기회주의적이고 위선적으로 행동하기 때문이다. 마을의 선한 사람이 좋아하고 악한 사람이 미워하는 사람이야말로 진정 선한 사람이라고 말한 바 있다.

子曰: "鄕原德之賊也."
자왈 향원덕지적야

선생께서 말씀하셨다.

"길에서 듣고 길에서 말한다면 덕을 버리는 것이다."

○ 사람은 수양을 통하여 확립된 자신의 주관에 의해 듣는 것을 판단하고 신중하게 말해야 한다. 근거 없이 길에서 떠도는 말들을 듣고 전해서는 안 된다는 말이다.

子曰: "道聽而塗說, 德之棄也."
자왈 도청이도설 덕지기야

선생께서 말씀하셨다.

"야비한 사람과 함께 임금을 섬길 수 있겠는가? 지위를 아직 얻지 못해서는 얻지 못할까 걱정하고, 이미 얻고 나서는 잃을까 걱정하니, 잃을까 걱정하면 못하는 짓이 없다.

○ 야비한 사람은 수양이 덜 된 소인배를 말한다. 이들은 오직 자신의 욕망을 위해 지위와 권세를 얻고자 애쓰고, 일단 얻게 되면 또한 오직 잃을까 봐 전전긍긍하여, 결국 지위와 권세를 지키기 위해서는 못하는 짓이 없으니, 그런 자들과는 함께 관직에 나아갈 수 없는 것이다.

처음 읽는 논어

子曰:"鄙夫, 可與事君也與哉, 其未得之也, 患得之, 旣得之, 患失之,
자왈 비부 가여사군야여재 기미득지야 환득지 기득지 환실지

苟患失之, 無所不至矣."
구환실지 무소부지의

선생께서 말씀하셨다.

"옛날 사람들에게는 세 가지 병통이 있었는데 지금은 아마도 없어진 듯하다. 옛날 광인은 제멋대로 직언을 했는데 지금 광인은 대책 없이 방탕하다. 옛날 잘난 체하는 사람은 범접할 수 없는 점이 있었는데 지금 잘난 체하는 사람은 못되게 성질만 부린다. 옛날 어리석은 사람은 솔직했는데 지금 어리석은 사람은 거짓말만 할 뿐이다."

○ 여기서 말하는 병통은 어느 한쪽으로 지나치게 치우친 성향을 말한다. 한자로 말하면 '광狂', '긍矜', '우愚'이다. 옛날 사람들의 세 가지 병통은 한쪽으로 치우치기는 했지만 긍정적 측면도 있었던 반면, 지금 사람들은 완전히 부정적 측면으로 흘러버렸다는 말이다.

子曰:"古者民有三疾, 今也或是之亡也. 古之狂也肆, 今之狂也蕩
자왈 고자민유삼질 금야혹시지무야 고지광야사 금지광야탕

古之矜也廉, 今之矜也忿戾 古之愚也直, 今之愚也詐而已矣."
고지긍야렴 금지긍야분려 고지우야직 금지우야사이이의

선생께서 말씀하셨다.

"자주색이 붉은 색을 빼앗는 것을 미워하며, 정나라의 음악이 정통 음악을 어지럽히는 것을 미워하며, 말만 잘하는 입이 나라를 뒤엎는 것을 미워한다."

○ 공자가 미워하는 세 가지를 말했다. 자주색은 간색으로, 얼핏 보면 바른 것 같지만 사실은 그렇지 않은 자를 비유했다. 선을 가장한 사람이 진정 선한 사람의 자리를 빼앗는 것을 미워한다는 말이다. '정鄭나라의 음악은 음란하여 세상을 어지럽힌다'고 비판한 바 있는데, 선왕의 정통 음악을 멀리하고 정나라의 음악을 즐기는 당시 세태를 비난했다. 말만 잘하는 입은 교묘히 말을 꾸며 선을 악으로 악을 선으로 위장하기를 잘하니, 이런 자가 나라의 요직에 있으면 결국 나라를 망치게 되므로 미워한다는 말이다. 공자가 말만 잘하는 것을 싫어한다는 말은 누차 나온 바이다.

子曰: "惡紫之奪朱也, 惡鄭聲之亂雅樂也, 惡利口之覆邦家者."
자왈 오자지탈주야 오정성지란아악야 오리구지복방가자

15

선생께서 말씀하셨다.

"나는 말이 없고 싶다." 자공이 말했다. "선생께서 말씀을 하지 않으시면, 저희는 무엇을 전술합니까?" 선생께서 말씀하셨다. "하늘이 무슨 말을 하는가? 사철이 운행되게 하고, 만물이 생장하게 하되, 하늘이 무슨 말을 하는가?"

○ 자공과의 대화라는 점을 고려하면, 말이 없고 싶다고 말한 의도를 짐작할 수 있다. 자공은 재아宰我와 더불어 제자 중에서 웅변에 가장 뛰어난 것으로 유명했다. 공자는 하늘의 도를 따르는 것이 인간의 도리요, 궁극적 목표라고 했다. 하늘의 도가 세상에 드러나는 것은 밤과 낮이 어김없이 반복되고, 사철이 어김없이 제 때에 찾아오고, 비와 눈과 바람과 이슬이 제 때에 이르고, 이로 인해 천하의 만물이 생장하고 소멸하는 것이라고 했다. 그런데 하늘이 무슨 말을 통해 이 모든 우주의 운행을 주재하는 것이 아니라 저절로 그렇게 되는 이치를 깨달으라는 말이다.

子曰:"予欲無言." 子貢曰:"子如不言, 則小子何述焉?"
자왈 여욕무언 자공왈 자여불언 즉소자하술언

子曰:"天何言哉? 四時行焉, 百物生焉, 天何言哉?"
자왈 천하언재 사시행언 백물생언 천하언재

유비가 선생을 뵙고자 하였다. 선생께서는 병이 있다 하여 거절하시고, 명을 받아 심부름 온 사람이 문을 나서자, 비파를 갖다 연주하며 노래를 부르시어, 그 소리를 듣게 했다.

○ 유비가 어떤 사람이었는지 자세히 알 수는 없지만, 필시 무도한 사람이었을 것이다. 유비의 초빙에 병이 있어 가지 못 하겠다 하고, 심부름꾼이 문을 나설 때 비파를 연주하여 그 소리를 듣게 한 것이다. 사실은 자신이 아픈 곳이 없음을 알게 하려 한 것이다. 이는 맹자가 말한 '불설지교회不屑之敎誨', 즉 상대방을 달갑게 여기지 않는다는 것을 일부러 보여 줌으로써 반성하게 만드는 방법을 취했다는 말이다.

孺悲欲見孔子, 孔子辭以疾, 將命者出戶, 取瑟而歌, 使之聞之.
유비욕견공자 공자사이질 장명자출호 취슬이가 사지문지

자공이 말했다. "군자 역시 미워하는 것이 있습니까?" 선생께서 말씀하셨다. "미워하는 것이 있다. 남의 나쁜 점을 말하는 사람을 미워하고, 낮은 자리에 있으면서 높은 자리에 있는 사람을 비방하는 사람을 미워하고, 용감하되 무례한 사람을 미워하고, 과감하되 꽉 막힌 사람을 미워한다." 또 말씀하셨다. "사야! 너도 미워하는 것이 있느냐?"

"요행히 맞춘 것을 지혜롭다고 여기는 사람을 미워하며, 불손한 것을 용감하다고 여기는 사람을 미워하며, 고자질하는 것을 정직하다고 여기는 사람을 미워합니다."

○ 자공은 사실 자기가 아주 미워하는 것이 있는데, 누군가를 미워하는 것이 혹시 잘못이 아닐까 염려하여 공자에게 군자도 미워하는 것이 있느냐고 물었다. 공자는 그런 자공의 심정을 알고, 자공의 물음에 답한 이후 다시 물은 것이다. 공자가 대답한 미워하는 대상과 자공이 대답한 미워하는 대상이 짝을 이루어 군자가 적극 배척해야 할 대상을 제시했다.

子貢曰: "君子亦有惡乎?" 子曰: "有惡, 惡稱人之惡者, 惡居下流而訕上者,
자공왈 군자역유오호   자왈 유오 오칭인지악자 오거하류이선상자

惡勇而無禮者, 惡果敢而窒者." 曰: "賜也, 亦有惡乎?" "惡徼以爲知者,
오용이무례자 오과감이질자 왈 사야 역유오호   오요이위지자

惡不孫以爲勇者, 惡訐以爲直者."
오불손이위용자 오알이위직자

18

선생께서 말씀하셨다.

"나이 사십이 되어서도 미움을 산다면, 그는 끝난 것이로다."

○ '후생은 두려워할 만하되…… 다만 나이 사오십이 되어도
들리는 것이 없다면 두려워할 것이 없을 뿐이로다'라고 말한
적이 있다. 나이 사십이 되면 인생에 무언가 이룬 것이 있어야
할 텐데, 그때까지 남의 미움만 사고 있다면 더 이상 가망이 없
다는 말이다.

처음 읽는 논어

子曰: "年四十而見惡焉, 其終也已."
자왈 년사십이견악언 기종야이

제18편

미자
(微子)

류하혜가 법관이 되었다가 세 번 내쫓기자 어떤 사람이 말했다. "당신은 이제 떠나도 되지 않겠습니까?" 류하혜가 말했다. "도를 곧게 하여 사람을 섬긴다면 어디에 간들 세 번 쫓겨나지 않겠으며, 도를 굽혀 사람을 섬긴다면 어찌 꼭 부모의 나라를 떠나겠습니까?"

○ 류하혜는 현명한 군주와 무도한 군주를 가리지 않고 기회가 오면 벼슬을 했으되, 항상 정직하게 곧은 말을 했기 때문에 번번이 쫓겨났다. 그렇게 자신의 말을 받아주지 않는데 왜 다른 나라로 가지 않느냐는 어떤 사람의 질문에 위와 같이 대답했다. 즉, 자신은 기회가 오면 오직 바른 도로 군주를 섬길 뿐 군주의 현명함과 무도함을 가리지 않겠다는 말이다.

처음 읽는 논어

柳下惠爲士師, 三黜, 人曰: "子未可以去乎?"
류하혜위사사 삼출 인왈 자미가이거호

曰: "直道而事人, 焉往而不三黜? 枉道而事人, 何必去父母之邦?"
왈 직도이사인 언왕이불삼출 왕도이사인 하필거부모지방

초나라의 광인狂人 접여가 노래하며 선생 곁을 지나갔다. "봉황이여, 봉황이여! 어찌 덕이 쇠퇴한 시절에 나타났는가? 지나간 것은 바로잡을 수 없으나, 앞으로 다가올 것은 그래도 추구할 수 있으리라. 그만두어라, 그만두어라, 지금 정치에 참여하면 위태로우리라! 선생께서 수레에서 내려 그와 함께 말을 해보고자 하셨으나, 종종걸음으로 서둘러 피하여 함께 말하지 못했다.

○ 광인狂人은 상식 밖의 언행으로 일관하는 사람으로, 기인奇人이나 은자隱者를 말한다. 접여는 초나라의 은자이다. 봉황은 성인이 다스리는 세상이 오면 나타난다는 전설의 새로, 공자를 빗대어 한 말이다. 즉, 왜 꼭 세상이 혼란할 때에 나타나서 천하를 화평하게 하겠다는 되지도 않을 꿈을 품고 세상을 떠도느냐는 말이다. 이미 어지러워진 세상은 어쩔 수 없으니 조용히 세상을 등지고 진정 뜻을 펼 수 있는 날이 오기를 기다리라는 말이다. 바로 은자의 태도이다. 공자는 노래 가사의 내용을 듣고 뭔가 범상치 않은 인물이라는 것을 알았다. 그래서 그와 함께 대화를 나누고자 수레에서 내렸지만, 접여는 이미 서둘러 사라졌다는 말이다.

楚狂接輿歌而過孔子, 曰:"鳳兮, 鳳兮, 何德之衰, 往者不可諫, 來者猶可追,
초광접여가이과공자 왈 봉혜 봉혜 하덕지쇠 왕자불가간 래자유가추

已而, 已而, 今之從政者殆而." 孔子下, 欲與之言, 趨而辟之, 不得與之言.
이이 이이 금지종정자태이 공자하 욕여지언 추이벽지 부득여지언

자로가 무리를 따르다가 뒤처져서 어떤 노인을 만났다.

노인은 지팡이에 제초 도구를 걸고 있었다.

자로가 물었다.

"선생을 보신 적 없나요."

노인이 말했다.

"사지를 움직이려고 하지 않고, 오곡도 알아보지 못하는데, 누가 선생인지 어떻게 아는가?"

노인은 지팡이를 짚고 제초하러 갔다. 자로는 두 손을 모으고 서서 기다렸다. 노인은 자로를 집에서 묵게 했다. 닭을 잡고 밥을 지어 자로에게 주었고, 두 아들더러 나와 인사하라고도 했다.

다음 날 자로가 선생을 따라잡아서 이 이야기를 했다. 선생께서 "그 분은 은자로구나"라고 하고 자로더러 왔던 길을 되돌아가 보게 했다. 자로가 그곳에 도착하니 노인은 이미 떠났다.

자로가 말했다.

"관직에 나가지 않는 것은 맞지 않다. 장유의 관계는 폐기할 수 없다. 군신의 관계를 어떻게 폐기할 수 있는가? 자신을 깨끗이 하고 싶다면서 더욱 큰 인륜을 어지럽힌다. 군자가 세상에 나와 출사하는 것은 응분의 책임을 다하는 것이다. 도가 행해지지 않는다는 것은 일찌감치 알았었다."

○ 자로가 일행과 떨어졌다가 은자와 마주친 일화를 기록한 것이다. 도가 행해지지 않아 세상이 혼란에 빠져들고 있다는 것은 공자의 일행도 은자도 모두 인정한다. 공자의 일행은 그래도 세상에 나아가 사회를 개혁할 책임과 사명을 다하려는 입장이고 은자는 혼탁한 세상을 피하려는 입장이다.

子路從而後, 遇丈人, 以杖荷蓧.
자로종이후 우장인 이장하소

子路問曰:"子見夫子乎?"
자로문왈 자견부자호

丈人曰:"四體不勤, 五穀不分. 孰爲夫子?" 植其杖而芸.
장인왈 사체불근 오곡불분 숙위부자 식기장이운

子路拱而立.
자로공이립

止子路宿, 殺雞爲黍而食之, 見其二子焉.
지자로숙 살계위서이식지 견기이자언

明日, 子路行以告.
명일 자로행이고

子曰:"隱者也." 使子路反見之. 至, 則行矣.
자왈 은자야 사자로반견지 지 즉행의

子路曰:"不仕無義. 長幼之節, 不可廢也 君臣之義, 如之何其廢之? 欲潔其身,
자로왈 불사무의 장유지절 불가폐야 군신지의 여지하기폐지 욕결기신

而亂大倫. 君子之仕也, 行其義也. 道之不行, 已知之矣."
이란대륜 군자지사야 행기의야 도지불행 이지지의

제19편

자장
(子張)

자하의 문인이 사람을 사귀는 것에 대해 자장에게 물었다.

자장이 말했다.

"자하는 뭐라고 말했는가?"

"자하께서는 '사귈 만한 사람은 사귀고, 사귈 만하지 못한 사람은 사귀지 않는다'라고 말씀하셨습니다."

자장이 말했다.

"내가 들은 것과 다르구나. 군자는 현명한 사람을 존중하되 모든 사람들을 포용하며, 선한 사람을 훌륭하게 여기되 능력 없는 사람을 가련하게 여긴다. 내가 매우 현명하면 사람들의 그 무엇을 포용하지 못할 것이며, 내가 현명하지 않다면 사람들이 나를 거부할 것이니 어떻게 남을 거부할 여유가 있겠느냐?"

○ 자하의 문인이 말한 '사귈 만한 사람은 사귀고, 사귈 만하지 못한 사람은 사귀지 않아야 한다'는 말은 자하가 공자로부터 들은 말이다. 자장이 들었다는 사람 사귀는 도리 역시 공자로부터 들은 말이다.

모두 공자로부터 들었다지만, 자하는 사람을 골라서 사귀라는 가르침을 받았고, 자장은 모든 사람을 포용하며 사귀라는 가르침을 받았다. 이는 자장과 자하의 성격과 기질이 달랐기 때문이다.

자장과 자하 중에 누가 나은가를 물은 자공의 질문에 공자는 '자장은 지나치고, 자하는 모자라다'고 하여 두 사람의 장단점을 지적한 바 있다. 사람을 사귀는 것도 각자의 성격과 기질에

처음 읽는 논어

따라 달리해야 한다는 말이다. 그러나 어느 경우에도 서로의
발전을 위한 사귐이 되어야 한다는 것은 재론할 필요가 없다.

子夏之門人, 問交於子張, 子張曰: "子夏云何?" 對曰: "子夏曰: '可者與之,
자하지문인 문교어자장 자장왈 자하운하   대왈 자하왈 가자여지

其不可者拒之.'"
기불가자거지

子張曰: "異乎吾所聞, 君子, 尊賢而容衆, 嘉善而矜不能, 我之大賢與,
자장왈 이호오소문 군자 존현이용중 가선이긍불능 아지대현여

於人何所不容, 我之不賢與, 人將拒我, 如之何其拒人也?"
어인하소불용 아지불현여 인장거아 여지하기거인야

자하가 말했다.

"비록 잡다한 도라 해도 반드시 볼 만한 것이 있게 마련이다. 그러나 먼 길을 가는 데 막힘이 될까 염려된다. 그러므로 군자는 하지 않는 것이다."

○ 잡다한 도란 당시 횡행하던 온갖 학설과 사상 유파를 말한다. 먼 길을 간다는 것은 원대한 포부를 실현한다는 것이다. 천하에 질서를 가져오는 정치를 베푸는 일을 말한다. 즉, 다른 사람들이 주장하는 학설과 사상 중에도 좋은 내용이 많이 있긴 하지만 큰일을 하는 데 장애가 될까 염려되기 때문에 하지 않겠다는 말이다.

子夏曰: "雖小道, 必有可觀者焉. 致遠恐泥, 是以, 君子不爲也."
자하왈 수소도 필유가관자언 치원공니 시이 군자불위야

자하가 말했다.

"널리 배우고 뜻을 성실히 다지며, 절실히 묻고 가까운 것에서 생각하면, 인이 그 안에 있을 것이다."

○ 널리 배우되 뜻을 성실히 다지지 않으면 규모만 클 뿐 이루는 것이 없다. 절실히 묻고 가까운 것에서 생각한다는 것은 모르면 알 수 있을 때까지 반드시 물을 것이며, 인을 실천하는 것은 가장 가까운 곳에 있음을 잊지 말라는 말이다. 이 네 가지 조목 자체가 인을 실현하는 모든 것은 아니지만, 하나의 방법이 될 수 있다는 의미에서 '인이 그 안에 있을 것'이라고 했다.

子夏曰:"博學而篤志, 切問而近思, 仁在其中矣."
자하왈　박학이독지　절문이근사　인재기중의

04

자하가 말했다. "모든 기술자는 작업장에서 일을 완성하고, 군자는 학습을 통해서 도를 완성한다."

○ 기술자는 기술의 완성을 추구하므로 작업장에서 일을 완성하고, 군자는 도의 완성을 추구하므로 학습을 통하여 도를 완성한다는 말이다.

子夏曰:"百工居肆以成其事, 君子學以致其道."
자하왈 백공거사이성기사 군자학이치기도

05

자하가 말했다.
"소인은 잘못이 있으면, 반드시 꾸민다."

○ 소인은 잘못이 있으면 아닌 것처럼 위장하고 넘어가려 한다는 말이다. 반면에 공자는 앞에서 '군자는 잘못이 있으면 망설이지 않고 꼭 고친다'는 내용의 말을 여러 번 한 바 있다. 또한 '잘못이 있어도 고치지 않는 것을 잘못이라고 한다'고도 했다.

子夏曰:"小人之過也, 必文."
자하왈 소인지과야 필문

06

자하가 말했다.

"군자에게는 세 가지 변화가 있다. 멀리서 바라보면 엄숙하고, 그 앞에 나아가면 따스하고, 그 말을 들어보면 명확하다."

○ 군자의 변화란 겉과 속이 다르다든지 시시각각 변심을 한다든지 하는 것을 말함이 아니다. 멀리서 바라보고, 가까이서 대하고, 대화를 나눌 때의 인상을 말한 것이다.

子夏曰:"君子有三變, 望之儼然, 卽之也溫, 聽其言也厲."
자하왈 군자유삼변 망지엄연 즉지야온 청기언야려

07

자하가 말했다. "큰 덕행은 한계를 넘어서면 안 되고, 작은 덕행은 어느 정도 한계를 넘나들어도 된다."

○ '대덕大德'은 원칙적 전체적 측면의 덕목을 말한다. 이것은 절대 경계를 넘어서는 안 된다. '소덕小德'은 세칙적 측면의 항목을 말한다. 이것은 상황에 따라 융통성 있게 적용할 수 있다는 말이다.

子夏曰:"大德不踰閑, 小德出入可也."
자하왈 대덕불유한 소덕출입가야

자하가 말했다.

"군자는 믿음을 얻은 뒤에 백성을 수고롭게 하니, 믿음을 얻지 못했으면 백성은 자기를 괴롭힌다고 생각한다. 믿음을 얻은 뒤에 간쟁을 하니, 믿음을 얻지 못했으면 상관은 자기를 비방한다고 생각한다."

○ 아랫사람에게 일을 시킬 때나, 윗사람에게 바른말을 할 때나, 무엇보다도 먼저 신임을 얻어야 한다는 말이다.

子夏曰:"君子信而後勞其民, 未信則以爲厲己也, 信而後諫,
자하왈 군자신이후로기민 미신즉이위려기야 신이후간

未信則以爲謗己也."
미신즉이위방기야

증자가 말했다.

"내가 선생님께 들었는데 '맹장자의 효성에서 다른 것은 따라갈 수 있지만, 그가 부친의 신하와 부친의 정치를 바꾸지 않은 것은 실로 따라가기 어렵다'라고 말씀하셨다.

○ 역시 증자가 공자의 말을 회상한 것이다. 맹장자는 노나라의 대부 중손속仲孫速으로, 그의 부친 맹헌자孟獻子는 현명한 사람으로 유명했다. 공자는 맹장자가 부친 맹헌자의 사후에도 부친이 아끼던 신하들을 그대로 등용하고 부친이 시행하던 훌륭한 정치의 정신과 제도를 그대로 따른 것을 극찬했다.

曾子曰: "吾聞諸夫子, 孟莊子之孝也, 其他可能也, 其不改父之臣與父之政,
증자왈 오문저부자 맹장자지효야 기타가능야 기불개부지신여부지정
是難能也."
시난능야

자공이 말했다.

"주왕紂王의 무도함이 이처럼 심하지는 않았을 것이다. 그러므로 군자는 하류에 처하는 것을 싫어한다. 천하의 악한 것이 모두 모여들기 때문이다.

○ 은나라의 폭군 주왕은 주지육림을 만들고, 갖가지 형벌로 사람을 죽이고, 달기라는 여자와 음행을 즐기느라 정치를 돌보지 않는 등 그 밖의 온갖 포악무도한 행위를 일삼은 것으로 전해진다. 하류는 물의 하류, 즉 더러운 것이 떠내려와 모두 쌓이는 곳으로, 온갖 악이 모이는 곳을 비유했다.

자공은 주왕의 포악무도함이 그 정도까지 극심하지는 않았겠지만 그렇게 온갖 악명이 전해지는 이유는 하류에 있었기 때문에, 즉 천하의 모든 악한 것이 모여드는 곳에 있었기 때문이라는 것이다. 결국 군자는 하류에 처하지 않는다는 말이다.

子貢曰:"紂之不善, 不如是之甚也. 是以, 君子惡居下流. 天下之惡皆歸焉."
자공왈 주지불선 불여시지심야. 시이 군자오거하류 천하지악개귀언

자공이 말했다.

"군자의 잘못은 일식이나 월식과 같아서, 잘못을 하면 사람들이 모두 보고, 고치면 사람들이 모두 우러러본다."

○ 군자는 사회의 도덕과 규범을 선도해야 하는 사람으로, 이른바 지도층이요, 지식층이다. 그들의 말이나 행동 하나하나는 항상 만인에게 드러나게 마련이니, 조심하지 않을 수 없는 것이다. 또한 아무리 군자라도 잘못이 없을 수는 없다. 다만 중요한 것은 잘못이 있으면 즉시 고침으로써, 이 역시 만인이 본받도록 해야 한다는 말이다.

子貢曰: "君子之過也, 如日月之食焉, 過也, 人皆見之, 過也, 人皆仰之."
자공왈 군자지과야 여일월지식언 과야 인개견지 과야 인개앙지

위나라 공손조가 자공에게 물었다. "중니께서는 누구로부터 배웠습니까?" 자공이 말했다. "문왕과 무왕의 도가 아직 땅에 떨어지지 않고 사람들에게 남아 있으니, 현명한 사람은 그중 큰 것을 알고, 현명하지 않은 사람은 그중 작은 것을 알아, 문왕과 무왕의 도가 갖추어지지 않은 사람이 없으니, 선생께서 누구에겐들 배우지 않으셨겠으며, 또한 어찌 일정한 스승이 계셨겠습니까?"

○ 공손조는 위나라의 대부이다. 자공 역시 위나라 사람이었다. 중니仲尼는 공자의 자字이다. 공손조는 그렇게 위대하다는 공자가 도대체 누구로부터 배웠는지 궁금해서 물은 것이다. 공자가 천하에 주나라의 세계 질서를 다시 구현하고자 꿈꾸었다는 것은 누차 말한 바이다. 공자가 도대체 누구로부터 배웠느냐는 공손조의 물음에, 자공은 문왕과 무왕의 도, 즉 주나라의 세계 질서가 아직은 완전히 사라지지 않고 세상에 남아 있어, 세상 사람들이 많든 적든 이에 대해 알고 있을 것이기 때문에, 그들이 모두 공자가 배울 대상이라고 말한 것이다. 누구든지 장점을 배우고 단점을 고치는 배움의 대상으로 삼았던 공자의 자세를 정확하게 제시한 말이다.

衛公孫朝問於子貢曰: "仲尼焉學?"
위공손조문어자공왈 중니언학

子貢曰: "文武之道未墜於地, 在人, 賢者識其大者, 不賢者識其小者,
자공왈 문무지도미추어지 재인 현자식기대자 불현자식기소자

莫不有文武之道焉, 夫子焉不學, 而亦何常師之有?"
막불유문무지도언 부자언불학 이역하상사지유

13

진자금이 자공에게 말했다. "귀하께서 겸손하신 것이지요? 중니가 어떻게 귀하보다 현명하단 말인가요?" 자공이 말했다. "군자는 말 한 마디로 지혜를 드러내기도 하고, 말 한 마디로 무지를 드러내기도 하니, 말을 신중히 하지 않을 수 없습니다. 선생님 경지에 이르지 못함은 마치 하늘에 사다리 타고 올라갈 수 없는 것과 같습니다. 선생님께서 제후나 대부의 지위를 얻으셨다면, 이른바 백성을 입신하게 하면 백성이 입신하고, 백성을 인도하면 백성이 실천하고, 백성을 위로하면 백성이 찾아오고, 백성을 동원하면 일심협력했을 것입니다. 살아 계시면 영광스럽고 세상을 떠나시면 애석했을 것입니다. 어떻게 그 경지에 이를 수 있습니까?"

○ 진자금도 숙손무숙처럼 공자는 자공과 비교도 할 수 없다는 것을 믿지 못했던 듯하다. 자공은 여전히 자신은 공자와 비교도 할 수 없다고 역설하였지만, 자공의 성취도 보통이 아니었음을 알 수 있는 일화이다.

陳子禽謂子貢曰: "子爲恭也, 仲尼豈賢於子乎?"
진자금위자공왈 자위공야 중니기현어자호

子貢曰: "君子一言以爲知, 一言以爲不知, 言不可不愼也. 夫子之不可及也,
자공왈 군자일언이위지 일언이위부지 언불가불신야 부자지불가급야

猶天之不可階而升也. 夫子之得邦家者, 所謂立之斯立, 道之斯行, 綏之斯來,
유천지불가계이승야 부자지득방가자 소위립지사립 도지사행 수지사래

動之斯和. 其生也榮, 其死也哀, 如之何其可及也?"
동지사화 기생야영 기사야애 여지하기가급야

제20편

요왈
(堯曰)

01

자장이 선생께 물었다. "어떻게 해야 정치에 종사한다고 할 수 있습니까?" 선생께서 말씀하셨다. "다섯 가지 훌륭한 것을 존중하고, 네 가지 사악한 것을 물리치면, 정치에 종사한다고 할 수 있다." 자장이 말했다. "무엇을 가지고 다섯 가지 훌륭한 것이라고 합니까?" 선생께서 말씀하셨다. "군자는 은혜를 베풀되 낭비하지 않고, 수고하되 원망하지 않고, 욕심을 부리되 탐욕을 부리지 않고, 여유가 있으되 교만하지 않고, 위엄이 있으되 사납지 않은 것이다." 자장이 말했다. "무엇을 가지고 은혜를 베풀되 낭비하지 않는다고 하는 것입니까?"

선생께서 말씀하셨다. "백성에게 이로운 점을 따라서 이롭게 해주면, 은혜를 베풀되 낭비하지 않는 것 아닌가? 수고할 만한 자를 선택하여 수고하게 하니, 누구를 원망하리오? 인을 얻으려고 욕심을 부려 인을 얻으니, 또한 무엇에 탐욕을 부리리오? 군자는 많고 적음을 가리지 않고, 크고 작음을 가리지 않고, 감히 태만히 하지 않으니, 여유가 있으되 교만하지 않은 것 아닌가? 군자는 의관을 바르게 하고 보는 것을 존엄하게 하여 위엄이 있어서 사람들이 바라보고 경외하니, 위엄이 있으되 사납지 않은 것 아닌가?"

자장이 말했다. "무엇을 두고 네 가지 사악한 것이라고 합니까?" 선생께서 말씀하셨다. "가르치지 않고 죽이는 것을 학虐이라고 하고, 미리 말해주지 않고 공을 이루라고 하는 것을 포暴라고 하고, 명령을 태만히 하고 기일을 따지는 것을 적賊이라고 하고, 똑같이 사람들에게 주면서 출납할 때 인색하게 하는 것을 유사有司라고 한다."

○ 은혜를 베풀되 낭비하지 않는 것의 예를 들면, 물가에서 사는 사람들은 물을 통해 생계를 유지하게 하고, 산에서 사는 사람들은 산을 통해 생계를 유지하게 하는 것들이다. 낭비하지 않는다는 것은 국가의 재정을 쓸데없이 쓰지 않는다는 뜻도 포함된다. 각각의 일에 적임자를 가려서 배정한다는 말이다. 반대로, 하고 싶지 않은 일을 억지로 맡기면 원망하게 된다. 사람에게는 재물과 권세를 얻으려는 욕심도 있고 인과 의를 구하려는 욕심도 있다. 인과 의를 구하려는 쪽으로 욕심을 부리게 하면 탐욕은 저절로 사라진다는 말이다.

재물이 많고 적음을 따지지 않고, 권세가 크고 작음을 따지지 않는다는 말이다. 그러면 마음이 여유롭게 된다. 또한 재물이 많다고 해서 적은 사람을 업신여기지 않고, 권세가 크다고 해서 작은 사람을 업신여기지 않아, 항상 공경하는 마음으로 공손하게 대하라는 말이다.

의관을 바르게 하고 보는 것을 존엄하게 하면 위엄이 있으되, 여기에 더해서 마음에 언제나 따뜻함을 간직하는 통치자가 되라는 말이다. 〈자장〉 편에서 자하가 말한 군자의 세 가지 변화 중 '멀리서 바라보면 엄숙하고, 그 앞에 나아가면 따스하다'는 말과 일맥상통한다.

정치의 첫걸음은 백성을 가르치는 것이다. 그런데 우선 인의 도덕을 가르치지 않고 죄지은 사람을 응징한다 하여 죽이는 것만 일삼으면 잔혹한 폐단에 빠진다는 말이다. 처음부터 여유를 두고 목표를 정해서 성취하게 하지 않고 갑자기 공을 이루도록 하면 조급한 폐단에 빠진다는 말이다. 미리미리 독려하지 않고 나중에 기일만 따지면 백성을 해치는 폐단에 빠진다는 말이다. 어차피 주어야 할 것을 인색하게 따지고 주면 말단 관리처럼 인색한 폐단에 빠진다는 말이다.

子張問於孔子曰: "何如斯可以從政矣?"
자장문어공자왈 하여사가이종정의

子曰: "尊五美, 屛四惡, 斯可以從政矣."
자왈 존오미 병사악 사가이종정의

子張曰: "何謂五美?"
자장왈 하위오미

子曰: "君子惠而不費, 勞而不怨, 欲而不貪, 泰而不驕, 威而不猛."
자왈 군자혜이불비 로이불원 욕이불탐 태이불교 위이불맹

子張曰: "何謂惠而不費?"
자장왈 하위혜이불비

子曰: "因民之所利而利之, 斯不亦惠而不費乎? 擇可勞而勞之, 又誰怨?
자왈 인민지소리이리지 사불역혜이불비호 택가로이로지 우수원

欲仁而得仁, 又焉貪? 君子無衆寡, 無小大, 無敢慢, 斯不亦泰而不驕乎?
욕인이득인 우언탐 군자무중과 무소대 무감만 사불역태이불교호

君子正其衣冠, 尊其瞻視, 儼然人望而畏之, 斯不亦威而不猛乎?"
군자정기의관 존기첨시 엄연인망이외지 사불역위이불맹호

子張曰: "何謂四惡?"
자장왈 하위사악

子曰: "不敎而殺謂之虐 不戒視成謂之暴 慢令致期謂之賊 猶之與人也,
자왈 불교이살위지학 불계시성위지포 만령치기위지적 유지여인야

出納之吝謂之有司."
출납지린위지유사

02

선생께서 말씀하셨다.

"천명을 알지 못하면 군자가 될 수 없고, 예를 알지 못하면 세상에 설 수 없고, 말을 알지 못하면 사람을 알 수 없다.

○ 군자는 천명을 알고 이에 따르는 자이다. 억지로 영달을 구하거나 장수를 기원하면 군자의 덕을 완성했다고 할 수 없다. 앞에서 공자는 '시를 통해 감흥을 일으키고, 예를 통해 자기 자신을 세우고, 음악을 통해 조화를 완성하라'고 했고, 아들 백어에게도 '예를 공부하지 않으면 세상에 설 수 없다'고 했다.

즉, 예는 세상을 살아가는 주체인 자신을 지탱하는 규범이기 때문에 예를 모르면 세상에 설 수 없다고 한 것이다. 상대방이 말을 잘하고 못하고를 떠나서, 말의 이면에 담긴 본래 의도와 진실 여부를 알 수 있어야 한다. 진정이 담긴 말과 아첨이 섞인 말을 구분하지 못한다면 결국 사람을 알지 못한다는 것이니, 말을 아는 것은 어려우면서도 중요한 것이다.

子曰:"不知命, 無以爲君子也, 不知禮, 無以立也, 不知言, 無以知人也."
자왈 부지명 무이위군자야 부지례 무이립야 부지언 무이지인야

고전 친숙하게 읽기 시리즈 01

처음 읽는 논어

초판 1쇄 발행   2016년 7월 11일
초판 3쇄 발행   2017년 10월 30일

지은이 공자
옮긴이 홍승직

펴낸곳 (주)행성비
펴낸이 서재필

출판등록번호 제313-2010-208호
주소 서울시 마포구 토정로 222 한국출판콘텐츠센터 318호
대표전화 02-326-5913   **팩스** 02-326-5917
이메일 hangseongb@naver.com   **홈페이지** www.planetb.co.kr

ISBN 978-89-97132-96-6 (04150)
         978-89-97132-95-9 (set)

행성B잎새는 (주)행성비의 픽션·논픽션 브랜드입니다.